Cet ouvrage a été réalisé par les éditions Milan
en collaboration avec Bertrand Loquet (mise en pages).



Éditions MILAN
1, rond-point du Général-Eisenhower, 31101 Toulouse Cedex 9, France.


ISBN : 978-2-7459-9570-4
Dépôt légal : 1er trimestre 2018

Imprimé en Roumanie par Canale

# COPAIN ACTIVITÉS

## Énigmes et casse-tête

Texte de
John Lavoignat

Illustrations de
Théo Calméjane

MILAN

# LES 4 RÈGLES D'OR D'UN BON ENQUÊTEUR

## Bienvenue dans la bande !

Tu as envie de devenir un bon enquêteur ? Pas besoin de loupe, ni de chien renifleur, juste un peu de bon sens et beaucoup de curiosité ! Avec ce livre, tu vas pouvoir t'entraîner à chercher des indices. Rejoins notre petite bande de copains détectives, on va t'aider à devenir un vrai Sherlock Holmes !

### Daphné Lémentère

Pour devenir un expert en résolution d'énigmes, inutile de savoir sauter par-dessus un ravin les yeux bandés. En revanche, il faut être à l'aise avec les mots et les chiffres ! Même si tu rencontres quelques difficultés au début, tu vas vite prendre le coup !

### Lukas Staite

Laisse vagabonder ton esprit et n'hésite pas à envisager le plus improbable ! Les idées les plus farfelues, même si elles ne te donnent pas la réponse immédiatement, peuvent t'aider à résoudre le problème d'une autre manière. Tout est possible !

### Quentin Tuission

Parfois, il suffit juste de suivre une vague impression que tu as. Mais attention, c'est rarement suffisant ! Ce n'est pas le plus louche qui est forcément le plus coupable. De l'instinct oui, mais avec parcimonie ! Et sans oublier la réflexion.

### Rébecca Mikase

Garde ton sang-froid, et ne perds pas patience ! Si certaines enquêtes peuvent paraître complexes voire insolubles, sache qu'il y a bien une solution. Un bon enquêteur croit en lui et ne lâche pas son affaire trop rapidement. Aie confiance !

**Méningomètre**

Il te renseigne sur le niveau de difficulté de l'énigme, histoire de ne pas avoir de mauvaises surprises.

**Griffomètre**

Il t'indique si tu as besoin d'un carnet et d'un crayon pour griffonner tes idées. Plus il est élevé, plus tu as besoin d'écrire.

**Décryptomètre**

Il te signale s'il y a des messages à déchiffrer ou des codes.

### Un exemple à redouter

# ALICE ET LE CHAPELIER

Il n'y a pas d'énigmes sans solution ou bien tu es tombé dans un monde parallèle. Ou encore, tu as suivi un lapin blanc jusque dans son terrier, comme le personnage d'Alice, dans *Alice au pays des merveilles*. En effet, Alice, lors de son aventure, croise un gros chat au large sourire qui lui indique la direction d'une cérémonie du thé un peu particulière. Là, elle fait la connaissance, d'un loir, d'un lièvre de mars et d'un chapelier qui n'ont plus toute leur raison. Le Chapelier finit par poser une question à la fillette : « Pourquoi un corbeau ressemble à un bureau ? » Alice ne trouvant pas la réponse, elle donne sa langue au chat. Pas au chat du Cheshire, celui qui sourit, n'est-ce pas ! D'ailleurs, il ne fait pas partie des invités de la cérémonie du thé. Tu as compris ! Elle abandonne et demande la solution au Chapelier. Mais celui-ci avoue qu'il ne connaît pas non plus la réponse. À l'heure où tu lis ce livre, Alice cherche encore… et le Chapelier aussi !

### L'astuce de Daphné Lémentère

N'hésite pas à faire appel à un associé ! Lorsque tu es plongé dans une enquête depuis un petit moment et que tu n'arrives pas à trouver la solution, il est temps de prendre un peu de recul. C'est à ce moment-là qu'un autre regard peut t'aider à y voir plus clair et à envisager le problème sous un autre angle. Tous les grands détectives ont, à leurs côtés, un ami qui leur donne un petit coup de pouce : Sherlock Holmes et le docteur Watson ou encore Hercule Poirot et le capitaine Hastings.

# SOMMAIRE

## C'EST ARRIVÉ À LA MAISON

## IL SE PASSE DES CHOSES ÉTRANGES

## UN COUP DE POUCE À L'HISTOIRE

## DES CARTES POSTALES À DÉCHIFFRER

# C'EST ARRIVÉ À LA MAISON

Inutile de partir au bout du monde pour être confronté à des casse-tête ! Tes héros vont devoir les résoudre, chez eux, dans leur quotidien. Des énigmes qui pourraient tout à fait se dérouler chez toi !

Les énigmes de
## Rébecca Mikase



Les énigmes de
## Lukas Staite

Les énigmes de
## Quentin Tuission



Les énigmes de
## Daphné Lémentère

# Dans la chambre

Explorator, mon robot de l'espace, a disparu ! Pourtant, je l'avais mis au-dessus de mon armoire, il était bien caché. J'ai quitté la maison à 14 h 15 pour aller à mon cours d'échecs. À mon retour, il était 17 h 15, et il n'y était plus.

Méningomètre | Griffomètre | Décryptomètre

Seulement quatre personnes étaient présentes à la maison cet après-midi. J'ai bien une petite idée de celui ou celle qui me l'a emprunté sans me prévenir. Voyons si les indices que j'ai trouvés confirment mon intuition...

## Voici les suspects !

Ma petite sœur, Bérénice

Mon grand frère, Tom

Ses copains, Arthur et Cloé

## Autant d'emplois du temps !

Voici les quelques informations que j'ai réussi à obtenir...

Bérénice était dans la maison toute la journée, sauf à 16 h, heure à laquelle elle prend son goûter dans le jardin.

Tom est parti à son escalade de 14 h à 15 h 45. Il a rejoint Cloé qui fait aussi de l'escalade. À son retour il n'est pas sorti de la maison.

Cloé est arrivée 30 min après mon frère et est restée à la maison jusqu'à 17 h.

Arthur est allé à son club de tennis et est passé voir mon frère de 16 h 30 à 17 h.

### Devinette A

J'ai quatre pieds mais je n'avance pas. Quand tu montes sur mon dos, tu ne restes pas longtemps éveillé.
Qui suis-je ?

## Question de météo

Tiens, tiens ! Il y a une empreinte de chaussure sur la moquette… des traces qui n'apparaissent que lorsqu'il pleut dehors. Et si j'allais voir la voisine ! Elle adore parler de la météo… et aujourd'hui j'ai besoin de savoir précisément à quelle heure il a plu.

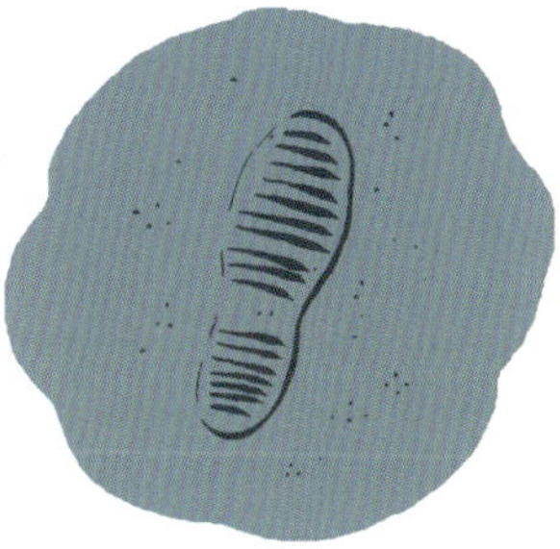

## Objet non volant à identifier

**1** Maman me fait remarquer qu'il y a, dans l'entrée, un parapluie qui ne nous appartient pas.

**2** En le dépliant, j'essaie de déchiffrer l'inscription, mais, comme le parapluie est vieux, certaines lettres sont effacées.

### Devinette B

Interdit de rentrer en classe ou d'en sortir sans elle.
Si tu ne l'entends pas le matin, tu pourrais même manquer l'école.
De quoi s'agit-il ?

# Au grenier

Mon papi Marcel ne peut plus monter l'escalier qui mène au grenier ! Il m'a demandé de lui descendre un souvenir que sa sœur, tatie Germaine, lui a rapporté d'un voyage lorsqu'elle avait 60 ans.

**Méningomètre** **Griffomètre** **Décryptomètre**

Papi ne se souvient plus à quoi ressemble ce souvenir, ni où il se trouve dans le grenier. Ça s'annonce compliqué ! Mais rien ne peut m'arrêter, je suis prête !

### « T'étais tout jeune ! »

Papi Marcel me montre une vieille photo de lui et sa sœur quand ils étaient petits. Je retourne la photo et je vois une date : 1937. Il me dit que c'est l'année à laquelle la photo a été prise. Voilà un point de départ ! Je connais maintenant l'âge de Tatie.

**Devinette A**

Quel est le comble pour une souris ?

### Compilations d'histoires

Après avoir gravi l'échelle qui mène au grenier, j'aperçois de vieux albums de famille. Papi, qui est en bas de l'échelle et me guide, me dit que je pourrais y trouver une piste. Avec la première photo qu'il m'a montrée, je peux savoir en quelle année elle avait 60 ans. Ensuite, je dois découvrir ce qu'il y a d'écrit sur les albums.

## Un papi globe-trotteur

J'adore voir les photos de Papi en voyage ! J'ai parcouru les albums et je suis tombée sur trois photos qui pourraient bien faciliter mon enquête : une au Mexique, une en Égypte et la dernière en Chine. Voilà qui m'aidera à faire le tri parmi les objets entassés ici !

## Des souvenirs à la pelle !

Maintenant, le vrai travail de recherche commence ! J'aperçois, au milieu des cartons, des malles pleines de vêtements, de vieux meubles et, dans un petit coin du grenier, plusieurs objets qui ressemblent à des souvenirs. Avec tous les éléments dont je dispose, c'est presque un jeu d'enfant de repérer le bon !

### Devinette B

Tous les jours elle revient sans que tu la voies et elle a horreur de parler chiffon. Qui est-elle ?

# Au garage

Flûte ! Mon fauteuil roulant est à plat à cause d'un bout de verre sur lequel j'ai roulé ! Et je dois vite changer la chambre à air si je veux être à l'heure à mon cours de piano.

**Méningomètre** **Griffomètre** **Décryptomètre**

Heureusement, mon grand frère, Philéas, va pouvoir m'aider pour la réparation. Voilà une opération bien technique ! Je suis prête à relever le défi !

## C'est dans la boîte !

**1** Toutes les chambres à air sont empilées ici ! Il va falloir faire le tri entre celles qui conviennent pour les vélos et celles pour mon fauteuil. Tout est mélangé ! Il y a bien des tailles inscrites dessus mais je ne sais pas à quoi elles correspondent.

**2** Observons bien les vélos et écoutons ce que dit Philéas !

### Devinette A

Mieux vaut les avoir aux pieds que de devoir en faire cent à la force des bras. De quoi s'agit-il ?

## Pour faire le tri

Papa est très bien organisé ! Il a établi un code pour pouvoir facilement repérer les chambres à air usées qu'il garde pour y poser une rustine et les neuves. Il y a des pastilles en couleur, mais personne ne sait à quoi elles correspondent. Et Papa n'est pas là ! Ouf, Maman se souvient d'une chose…

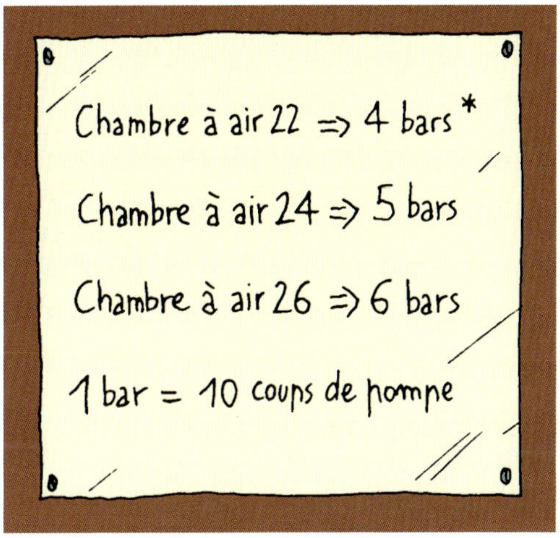


* Le bar est une unité de mesure de la pression.

## J'ai la pression !

Maintenant que nous avons la bonne chambre à air, il faut la gonfler avec la bonne pression ! Heureusement, Papa a pensé à mettre un petit pense-bête qui indique combien de fois nous devons pomper pour y mettre la quantité d'air suffisante. Juste un petit calcul, et le tour est joué !

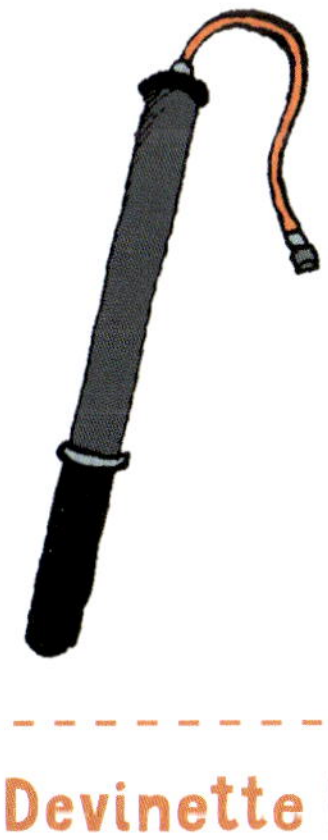

### Devinette B

Sans eux, la roue se voile. Les jours de mauvais temps, ce sont les nuages qui voilent ceux du soleil.
Tu as la réponse ?

# Dans le jardin

J'ai gagné une médaille aux échecs. Ma petite sœur, Adèle, adore jouer avec. Elle s'amuse à la cacher. Et, cette fois, c'est dans le jardin ! Pour la retrouver, il faut se creuser la tête.

**Méningomètre** **Griffomètre** **Décryptomètre**

C'est un peu comme chercher une aiguille dans une botte de foin ! Mais je suis certain qu'avec les éléments dont je dispose, je peux gagner la partie !

## Décryptage

Adèle est petite, elle ne parle pas encore très bien ! Par exemple, elle ne prononce pas les P, les L et les CH. Comme je suis son frère, j'arrive plus ou moins à la comprendre. Dans sa première phrase, elle dit : « C'est pas moi qui cache la pièce ! » Avec cette première piste, je peux facilement déduire la suite !

## Pas sous la fausse pluie

Adèle a joué tout l'après-midi dans le jardin, en même temps que Papa a déclenché son arroseur. Mais les vêtements d'Adèle étaient secs lorsqu'elle est rentrée. Donc, elle n'a pas pu aller à l'endroit où l'eau tombait. Il suffit juste d'observer les parties mouillées du jardin pour éliminer cette zone de ma recherche !

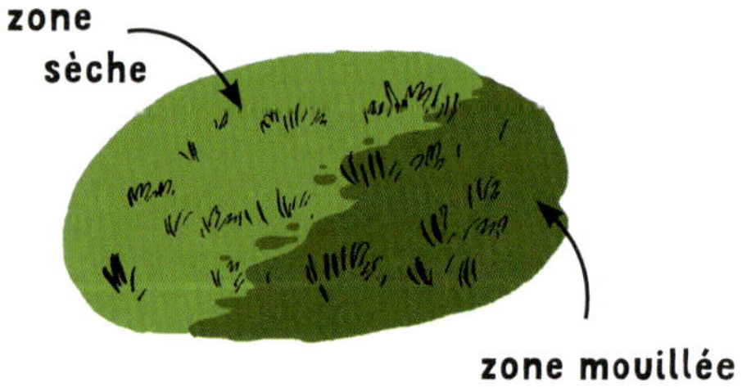


## Petite bête

Heureusement que mon frère Rémi est là pour m'aider ! Il me rappelle qu'Adèle n'aime pas certaines petites bêtes. Voyons ce qu'il nous dit en déchiffrant son rébus !

### Charade A

Au golf, tu tapes dans mon premier.
Mon deuxième compte 365 jours.
Mon dernier est le contraire de matin.
Avec mon tout, tu dois prendre de l'élan.

## Charade B

Mon premier vient avant le L.
Mon deuxième est le contraire de haut.
Mon dernier fait tenir la cravate
ou le papillon.
Mon tout est souvent au fond du jardin.

# Dans la cuisine

Aujourd'hui, c'est l'anniversaire de Papa. Avec ma grande sœur, Maëlle, nous avons envie de lui préparer un bon gâteau...

Méningomètre

Griffomètre

Décryptomètre

Mais papa rentre à 18 heures, et il faut absolument que le gâteau soit prêt avant. Vite, il faut se décider, il ne reste plus beaucoup de temps !

## Le minuteur est lancé !

Avec Maëlle, nous avons déjà sélectionné trois recettes ! Il faut maintenant calculer si le temps de préparation et le temps de cuisson ne sont pas trop longs. Et il faut ajouter 20 minutes, le temps que le gâteau refroidisse.

Attention à ne pas faire d'erreur de calcul ! Sinon la surprise serait gâchée !

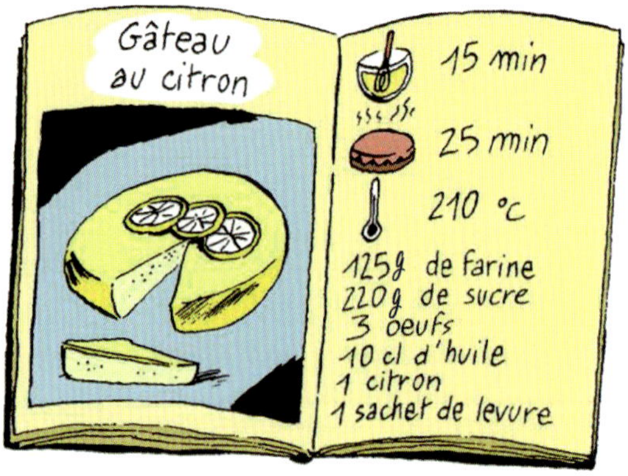


Alors ? As-tu deviné quel gâteau nous allons faire ? Non, pas encore… car il faut savoir si nous avons tous les ingrédients nécessaires.

## Les fonds de placard

Nous avons disposé sur la table tout ce qui peut nous être utile pour cuisiner.

**Devinette A**
Quel est le comble pour un pâtissier ?

## Cuisson parfaite

Voilà, la préparation est au four ! Maintenant, il faut faire le bon réglage ! Pas question de perdre du temps en choisissant une température trop basse ou de trop cuire le gâteau.

Aide-toi du petit mémo accroché au frigo. Facile de compléter la suite logique !

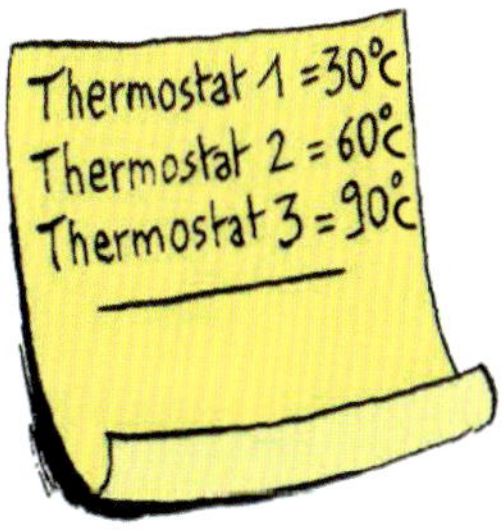

**Devinette B**
De quelle couleur sont les petits pois ?

# Au salon

Quelle frayeur ! Je lisais dans ma chambre et j'ai entendu un grand bruit, en bas, comme quelque chose qui se brise. Je suis descendu à toute vitesse. À l'entrée du salon, catastrophe ! le grand vase est en mille morceaux !

**Méningomètre** **Griffomètre** **Décryptomètre**

En pénétrant dans le salon, j'ai vu le chat sur le canapé et le chien dans son panier, comme si de rien n'était. Ma petite sœur, Bérénice, qui jouait dans le jardin, est arrivée en même temps que moi. Qui va-t-on gronder ?

## Voici les suspects !

Milos

Grisette

## Montrez pattes blanches !

Je connais bien Milos et Grisette ! Lorsqu'ils font des bêtises, ils ne reviennent jamais sur les lieux du drame. En observant le sol, j'aperçois des traces de pattes. Voyons à qui elles appartiennent, et nous pourrons éliminer l'un des deux !

### Devinette A

Le bébé fait mon premier après son biberon.
Mon deuxième est la moitié de King-Kong.
Mon dernier est de poule quand tu as froid.
Mon tout est un fauteuil à bascule.

## L'intrus

Bérénice a vu un insecte sortir du salon. Milos et Grisette adorent poursuivre les petites bêtes et ils sont capables de faire des bonds lorsqu'elles volent. Toutes les lettres de l'insecte coupable sont présentes au moins une fois dans les autres noms.

## Devinette B

Mon premier se boit en sachet.
Tu mélanges mon deuxième avec tes céréales.
Mon troisième s'enfonce avec un tournevis.
Mon dernier se lit sur ta montre.
Mon tout a des chaînes que tu ne peux pas briser.

## Le mobile de la bête

Que faisait cet insecte dans le salon ? Si j'arrive à le savoir, j'aurai le fin mot de cette histoire. Trouve six explications possibles en remettant les verbes au bon endroit. La bonne explication est celle qui ne contient que trois mots.

# Sur la terrasse

Un barbecue ! Youpi, j'adore ! Mon oncle, ma tante et mon cousin sont invités ! Nous serons huit au total. Le souci, c'est qu'il faut placer tout le monde au bon endroit. Un vrai casse-tête !

**Méningomètre** **Griffomètre** **Décryptomètre**

Pas de temps à perdre car les invités sont là ! Et Maman ne trouve pas la solution, elle est déjà bien occupée en cuisine. J'arrive à la rescousse...

Voici le plan de table avec la liste des personnes qu'il faut placer !

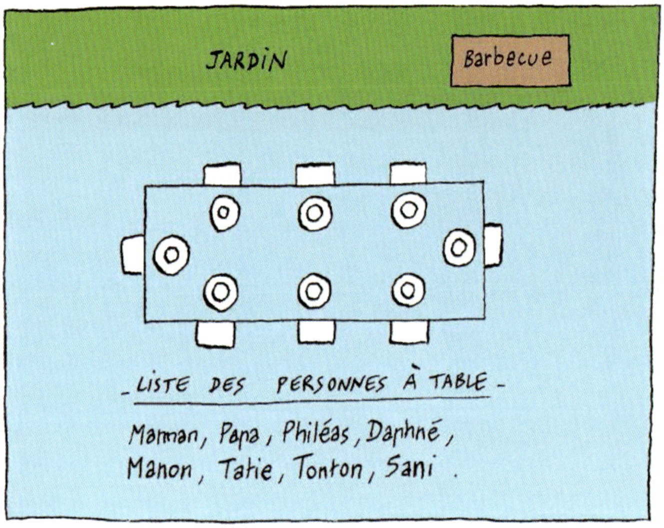


## Comme deux reines

Et si je commençais par moi ! Je suis toujours en bout de table, comme Maman. Ainsi, je n'ai pas le pied de la table et je vois tout le monde.

Quand mon cousin Sani vient, il est toujours entre ma petite sœur Manon et moi !

Écoutons maintenant les autres...

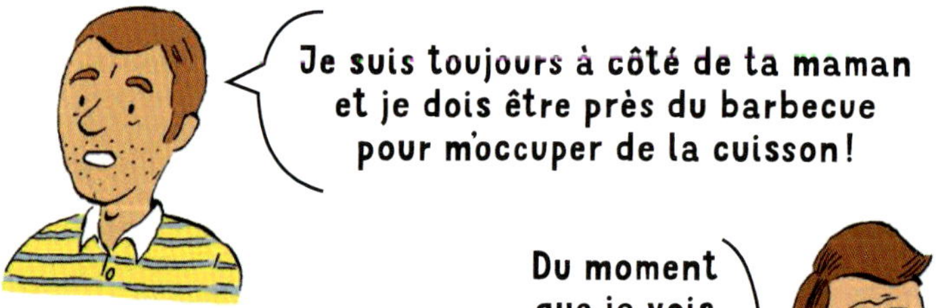

mon papa

mon tonton

ma maman

mon frère Philéas

ma tatie

## Une faim équitable

Papa aussi se pose des questions. Il se demande si tout le monde aura assez à manger sachant que Philéas prend toujours le double des autres ! Et toi, qu'en penses-tu ?

### Devinette A

Quelle salade a toujours une coupe impeccable ?

### Devinette B

Sur les routes, c'est moi qui fais la loi. Une fois par an, on me lance dans le ciel. Mais, si on me donne de l'eau, je disparais. Qui suis-je ?

### Devinette C

Comment les chats appellent-ils leur barbecue ?

# Dans la buanderie

Hier soir, c'était Halloween à la maison ! Mon frère Rémi et moi avons invité nos amis à dormir chez nous. Dans la nuit, un fantôme est venu me rendre visite. Il a essayé de me faire peur, mais il m'en faut bien plus que ça !

Méningomètre

Griffomètre

Décryptomètre

Je ne sais pas encore qui était sous le drap mais je vais mener ma petite enquête, et tu vas m'aider à le démasquer.

## Les suspects sont...

Mon frère Rémi

Sa copine Ninon

Rébecca

Quentin

## Chaussure à son pied !

Aux pieds du fantôme, j'ai reconnu une vieille paire de chaussures qui vient de la buanderie. Elles sont rangées par pointures. Si je compare les pointures des vieilles chaussures et celles des suspects, j'aurai un premier indice… On pourra éliminer un premier suspect.

Rémi

Ninon

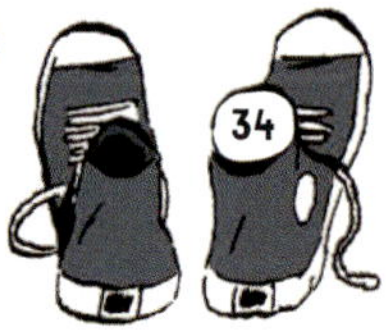


Rébecca

Quentin

### Charade A

Mon premier coule sur les flancs d'un volcan.
Mon deuxième ressemble à la 1re syllabe du 1er jour de la semaine.
Avec mon dernier tu t'amuses.
Tu trouves parfois mon tout dans la buanderie.

## Des draps bien rangés

Les draps sont toujours rangés au même endroit dans la buanderie. Maman m'indique où précisément. Donc, si les draps sont dans la rangée du haut, c'est quelqu'un de grande taille et, s'ils sont en bas, il ou elle est plus petit.

## Charade B

Mon premier a des dents et coupe du bois.
Avec la perceuse, tu fais mon deuxième.
Mon dernier est le pluriel d'œil.
Mon tout sert de décoration à Halloween.

## L'étau se resserre

Écoute attentivement les témoignages de chacun ! Deux sont faux et deux sont vrais ! Avec les deux autres indices récupérés, tu peux retrouver qui dit la vérité et ainsi démasquer le fantôme !

Daphné? Mais, qu'est-ce que tu...?
Chuuuuut! Approche!
M. Gemme est en train d'enterrer un trésor! Regarde!
À mon avis, le coffre est rempli de pièces d'or!
Hello! Vous faites quoi?
Chuuuut!
Le voisin enterre un trésor, regardez!
Il faut absolument qu'on aille voir ça de près!
J'ai une idée! Avec Lukas, on va occuper le voisin pendant que vous jetez un œil!
Vous êtes sûrs?
Qu'est-ce que tu...?
Je dégonfle mon pneu, tu vas comprendre!
PSHIIII
Bonjour, les enfants!
Bonjour! Excusez-moi de vous déranger. Mon pneu est à plat. Vous pourriez m'aider?

J'ai une pompe dans le fond du jardin, je vais la chercher et...
Non! Attendez! Euh...
En fait, on a l'impression qu'il y a un serpent dans le garage! On n'ose pas y aller!
Euh...
Un serpent! Bon, restez derrière moi!
Et vous l'avez vu où, ce serpent?
Là, derrière la grosse poubelle!
Alors, tu vois le trésor?
Tu parles d'un trésor!
Tu as de la chance, il était juste dégonflé! Et, pour le serpent, c'était peut-être un chat!
M. Gemme plante juste un arbre!
Et dans la malle?
Des outils de jardinage!
Amusez-vous bien, les enfants!

# IL SE PASSE DES CHOSES ÉTRANGES

Pas de répit pour les quatre copains ! À chacune de leur sortie, où qu'ils aillent, des événements surviennent, qui mettent leurs neurones à rude épreuve. Heureusement que tu es là pour leur donner un coup de pouce !

Les énigmes de
## Lukas Staite



Les énigmes de
## Daphné Lémentère

Les énigmes de
## Quentin Tuission



Les énigmes de
## Rébecca Mikase

# À la gare

Quel bazar ! C'est un peu la panique dans le hall de gare ! Il y a un bug dans le tableau d'affichage des trains. Tous les voyageurs sont un peu perdus...

**Méningomètre** **Griffomètre** **Décryptomètre**

Dans la précipitation, quelqu'un a oublié ses lunettes et son journal. Aide-moi à retrouver leur propriétaire !

## Ça n'a pas loupé !

Au pied du siège où il ou elle était assis, il y a du sable. Où trouve-t-on du sable ? À la plage ou sur un chantier par exemple. Regarde bien les voyageurs !

## Au moins, j'ai deux témoins !

**1** Le guichetier ne bouge pas de la journée ! Ça tombe très bien, il a forcément vu la personne s'asseoir sur ce siège. Déchiffre son témoignage sous forme de rébus.

### Devinette A

Si tu ne me dépenses pas, tu me compostes. Que suis-je ?

**2** La personne non voyante assise à côté du siège sur lequel se trouve la paire de lunettes a entendu quelque chose. Tiens, tiens ! Une piste en plus ! Le problème, c'est que le panneau affiche n'importe quoi !

| | | |
|---|---|---|
| OZQHR | 14H53 | QUAI 1 |
| LZQRDHKKD | 14H58 | QUAI 2 |
| MHLDR | 15H02 | QUAI 1 |
| UZKDMBD | 15H04 | QUAI 2 |
| ZUHFMNM | 15H08 | QUAI 1 |
| FQDMNAKD | 15H10 | QUAI 2 |

## Panne au panneau

Si nous savons où cette personne doit se rendre, nous arriverons à la localiser dans ce hall. Déchiffre le panneau pour connaître les destinations. Heureusement, un contrôleur nous donne un indice.

## Devinette B

Dans le train ou l'avion, tu peux choisir la première ou la seconde. Mais, à l'école, ce n'est pas toi qui la choisis ! De quoi s'agit-il ?

# À la piscine

Avec ma classe, nous arrivons tout juste à la piscine. Je remarque au vestiaire qu'un casier est fermé. Comme ça n'arrive jamais, je trouve ça bizarre ! Et si un élève de la classe qui est venue hier avait oublié ses affaires ?

Méningomètre | Griffomètre | Décryptomètre

J'ai bien envie de mener ma petite enquête pour en savoir plus !

## Le mystérieux casier...

Qui a laissé son casier fermé hier ? Le maître-nageur connaît bien les habitudes de chacun. Il sait où certains élèves rangent leurs affaires. Écoutons son témoignage !

En regardant bien, cette succession de prénoms est très logique, finalement ! À toi de trouver quel est le 6e prénom de la liste... C'est forcément l'un des trois présents.

**Devinette A**

Quel est le comble pour un maître-nageur ?

## Et son précieux sésame !

Voyons maintenant ce que contient le casier ! Pour l'ouvrir, il faut choisir la bonne clé parmi les quatre. Il suffit pour ça d'associer le dessin qui est sur le casier fermé avec celui sur la clé. En regardant les casiers ouverts et leur clé, on aura une aide précieuse !

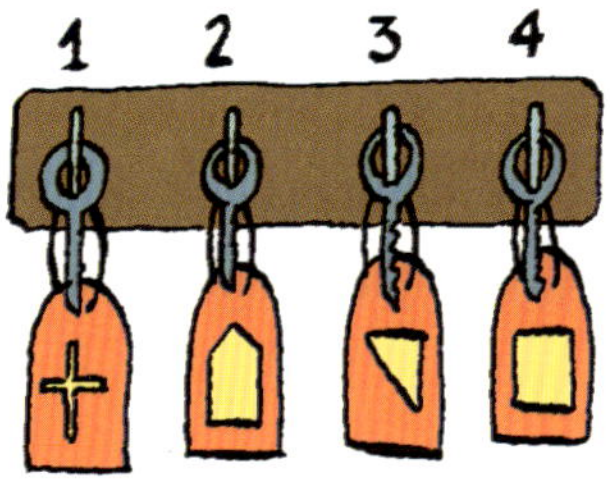

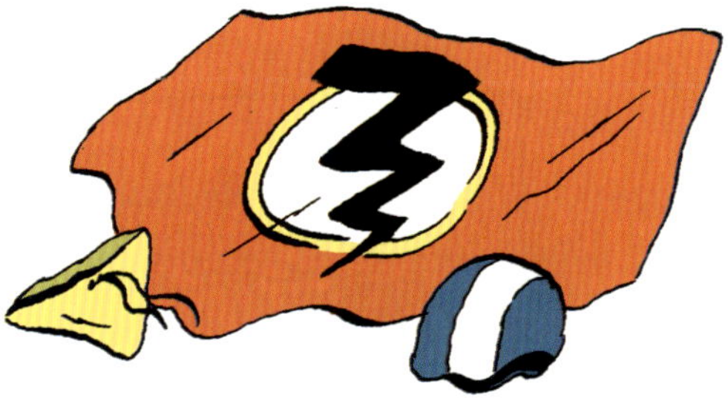

## La preuve par l'image

Bingo ! Il est ouvert ! À l'intérieur, il y a une serviette et un maillot de bain. Le maître-nageur aimerait bien les rendre à leur propriétaire, mais comment savoir à quoi il ou elle ressemble ? Voici une photo qu'il a prise hier, pendant que la classe s'amusait. Il ou elle doit forcément être parmi eux !

### Devinette B

Un homme saute dans la piscine, les bras en avant et sans bonnet. En ressortant de l'eau, ses cheveux ne sont pas mouillés. Pourquoi ?

# Au musée

Une mystérieuse lettre anonyme est arrivée au musée du Grand Balai, là où Maman est conservatrice. Aïe, des faussaires sont à l'œuvre !

Méningomètre — Griffomètre — Décryptomètre

Au début de la lettre, l'auteur indique qu'il y a deux faux tableaux dans les cinq que le musée vient d'acquérir. Mais y a-t-il d'autres indices ? À nous d'opérer !

## Une vraie cacographie !

Un peu plus loin dans sa lettre, l'auteur indique comment trouver les deux faux tableaux. Mais encore faut-il arriver à comprendre ce qu'il écrit ! Et s'il suffisait de lire à voix haute sans se préoccuper du sens des mots ?

## Singulier ou pluriel

Maman et moi, nous sommes allées voir les cinq tableaux.
Les indices de la lettre permettent d'en trouver un facilement.
Le second est plus difficile à identifier. Il suffit de réfléchir un peu !

Le Rideau de l'écluse

**1** CVVVCCVC

Le Pain turc

**2** CCVCCVVC

### Charade A

Mon premier est entre le *la* et le *do*.
Mon second est la moitié de lance-pierre.
Mon tout règne au musée.

Le tricheur se tient à carreau

**3** CVCCVVCV

Portrait de l'artiste et son dindon

**4** CCVCVVVC

Singes fuyant une abeille

**5** CVVCVCCV

## Têtes de faussaire

Mission réussie ! Après avoir trouvé les deux tableaux, il nous reste à démasquer les deux imposteurs parmi les cinq peintres. Maman a sorti le catalogue des artistes. Déchiffre les noms sous les titres des tableaux en t'aidant du code écrit dans le catalogue. Et le tour est joué !

### Charade B

Avec mon premier tu fais des phrases.
Mon deuxième signifie « non » en anglais.
Mon troisième désigne les dents du chien.
Mon quatrième est le son que fait la vache.
Mon tout est une toile peinte en une seule couleur.

# À la fête foraine

Comme c'est curieux ! La grande roue tourne dans le sens inverse. Voilà un mystère que je dois absolument élucider…

**Méningomètre** **Griffomètre** **Décryptomètre**

Comme je m'approche de la cabine près de la roue, je croise Dan, le fils du forain. Je suis certain qu'il peut me mettre sur la voie…

## Le plan codé

Dan m'apprend que c'est un signal adressé à tous les forains. Mais il ne doit pas me le dire à voix haute car personne ne doit entendre : c'est un secret. En revanche, il me donne une piste pour comprendre…

### Devinette A

Quel est le manège préféré des sept nains de Blanche-Neige ?

## Ça mord !

Dan me dit que, si l'on observe attentivement d'autres stands, nous pouvons récolter quelques indices supplémentaires. À la pêche à la ligne, le forain a disposé les lots à gagner de sorte qu'en récoltant une lettre dans chaque lot, on obtient un indice. Le nombre de canards indique la position de la lettre à conserver.

Cet indice donne un signe de reconnaissance du suspect. Facile !

## Devinette B

Quelle est la différence entre un papillon et un forain ?

## Ne pas se dégonfler !

Au stand de fléchettes, le forain a utilisé ses ballons pour indiquer de quelle couleur est habillé le suspect. Malin ! Il suffit juste de compter deux par deux, les ballons de même couleur qui sont voisins. Chaque ballon peut être compté plusieurs fois. N'oublie pas les diagonales ! Alors, rouge, bleu ou vert ? C'est le nombre le plus élevé qui est le bon ! Tu as trouvé ?

# À l'école

Mince alors ! Bambou, le phasme que nous élevons dans notre classe de CE2, a disparu au cours de la nuit ! Pourtant il n'a aucun moyen de s'échapper de sa boîte vitrée.

**Méningomètre** **Griffomètre** **Décryptomètre**

Il faut éclaircir au plus vite cette histoire avant qu'il lui arrive quoi que ce soit !

## Si j'ai bonne mémoire !

Nous croisons la femme de ménage : elle nous signale qu'elle a commencé à effacer, par erreur, le message écrit sur le tableau. Essayons de le compléter avec son aide !

### Devinette A

Parfois d'or ou de charbon, à l'école, je ne sers à rien si je ne suis pas taillée. Qui suis-je ?

## Halte-garderie

Qui était en charge de Bambou hier ? Les deux élèves qui devaient s'occuper de lui ne se sont pas notés sur la fiche. Difficile d'en savoir plus… Heureusement, en comparant le début de cette semaine avec la semaine dernière, on peut facilement trouver les prénoms manquants.

## Fin de l'escapade

Le maître a demandé aux deux élèves qui étaient responsables du phasme, hier, de le retrouver. Ouf ! C'est chose faite ! Il était dans une des plantes de l'école. Mais laquelle ? Si tu lis le témoignage des 2 élèves responsables, tu sais maintenant où Bambou se cachait !

### Devinette B

Mieux vaut l'avoir en tube ou en bâtonnet qu'en punition. De quoi s'agit-il ?

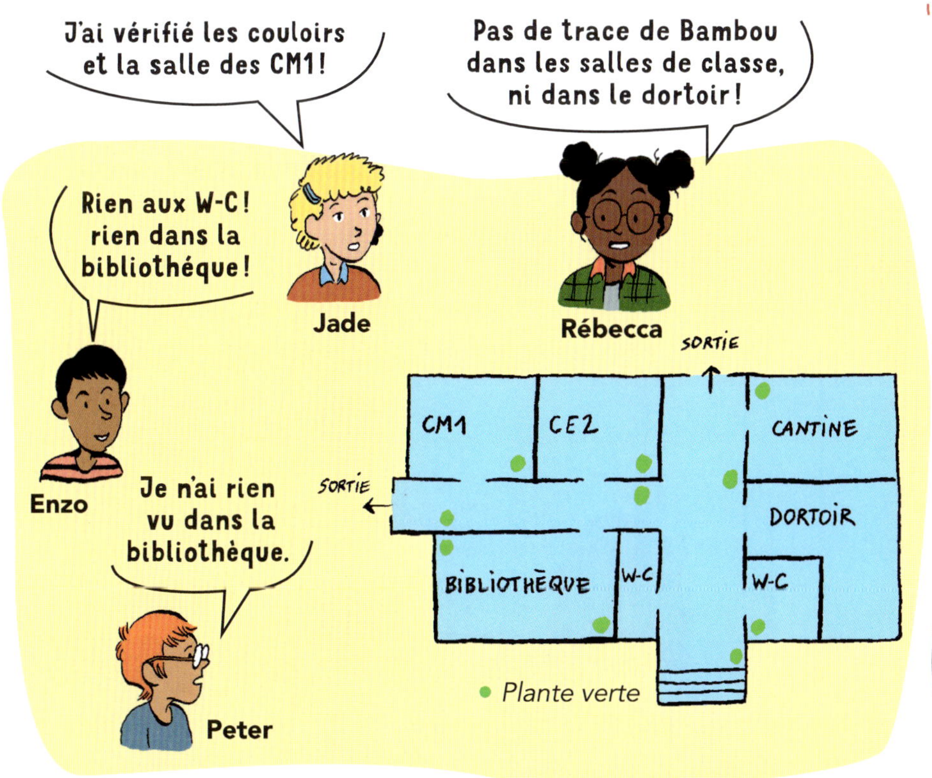


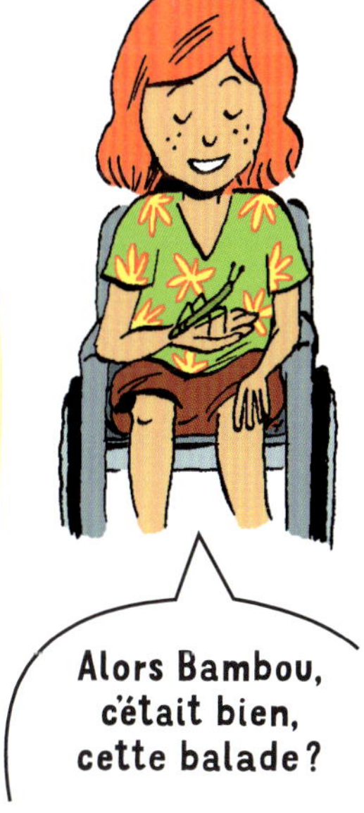

# À la ludothèque

Moi, Quentin, je suis capable de deviner les prochains gagnants des parties de jeu en cours ! Eh oui, j'ai un don d'extralucide ! Tu me crois ?

Méningomètre | Griffomètre | Décryptomètre

Et s'il s'agissait juste de bien calculer en observant attentivement les joueurs. Voyons si tu peux le faire...

## Point gagnant

Qui peut remporter la partie de dominos ? Daphné ou Maëlle ?

C'est à Daphné de jouer. Elle est futée, elle sait qu'il n'y a que 7 dominos contenant un blanc. Elle a donc les deux derniers. Que doit-elle jouer pour gagner ?

## Devinette A

S'il t'en manque une,
ça ne tourne plus très rond !
Mais si tu en as 100, tu peux faire une partie de dames !
De quoi s'agit-il ?

**Devinette B**
Si tu veux gagner, mieux vaut en avoir une. Tu la trouves en renversant le bruit que fait l'horloge.

## Le piège se referme

Le but du jeu est d'aligner 4 pions de même couleur. C'est à Rébecca de jouer. Elle a vu qu'il n'y avait qu'une seule chose à faire pour éviter de perdre tout de suite. Mais le danger n'est pas complètement écarté !

**Devinette C**
Si tu ne peux pas creuser la terre avec, tire une carte ! De quoi s'agit-il ?

**Devinette D**
En deux lettres qui se suivent dans l'alphabet, avec moi, soit tu couds, soit tu joues. Qui suis-je ?

# À l'animalerie

Lundi, mon oncle Norbert a confié son animalerie à mon cousin jusqu'à la fin de la semaine. En revenant samedi matin, il a constaté qu'il y avait un peu trop de plumes dans la cage de la perruche. Que s'est-il passé ?

**Méningomètre** — **Griffomètre** — **Décryptomètre**

On dirait que quelque chose l'a dérangée. Tentons d'élucider ce mystère avec les éléments dont nous disposons.

## En façade

Pour commencer, observons la vitrine de l'animalerie avant le départ de mon oncle et à son retour.

## Ding dong ! C'est le livreur !

Toutes les semaines, il y a des animaux qui partent et d'autres qui arrivent. Et si un nouvel animal avait fait peur à la perruche ? Consultons le planning des arrivées et déchiffrons les logos pour en savoir plus sur les animaux qui sont entrés dans l'animalerie.

## Les nouveaux pensionnaires

Mon oncle Norbert a passé commande de quatre animaux qui devaient arriver prochainement. Trois seulement sont arrivés cette semaine.

En comparant le planning des livraisons et son choix dans le catalogue, on peut le savoir…

## La place est libre

Mon cousin a noté qu'il y a eu deux ventes dans la semaine. Deux animaux ont trouvé une nouvelle famille !

L'oncle Norbert se souvient avoir reçu des coups de fil de clients intéressés.

### Charade A

Mon premier est le contraire d'impair.
Mon deuxième sort du robinet.
Les bateaux accostent à mon dernier.
Mon tout est le fidèle compagnon du pirate.

### Charade B

Mon premier vient après J et avant L.
Mon second est un petit rongeur en trois lettres.
Tu fais mon dernier quand tu envoies le ballon à un copain.
Mon tout porte parfois des écailles.

# Au gymnase

Le jour de la finale de handball est enfin arrivé ! Notre équipe affronte la ville voisine. Tout le monde est prêt, le public n'attend qu'une chose : le coup de sifflet de l'arbitre.

**Méningomètre** **Griffomètre** **Décryptomètre**

Mais l'arbitre nous montre le panneau d'affichage comme s'il y avait un problème. Que se passe-t-il ? Nous devons être sept et le panneau affiche six dossards ! Il indique les numéros des joueurs présents. Quelqu'un manque à l'appel ! Où est-il ?

## Le bon numéro

Mikka ne pouvait pas venir aujourd'hui, il a un remplaçant ! Mince, nous ne connaissons pas très bien ce nouveau joueur. Nous avons même oublié son numéro de dossard. Mais, avec ce que chacun sait, nous aurons vite la réponse…

## Charade A

Mon premier se place entre *sol* et *si*.
Mon deuxième est la moitié de Tata.
Mon dernier est en tire-bouchon chez le cochon.
Mon tout précède le but dans un sport collectif.

## Vous avez un message !

Lukas me dit que le téléphone du remplaçant a sonné et qu'il l'a vu lire des messages, puis répondre. Et comme il est parti en laissant son téléphone, nous pouvons les rechercher, ça nous donnera une piste.

Sauf que le correcteur d'orthographe a encore fait des siennes ! Il a pris un mot pour un autre… Il faut les déchiffrer.

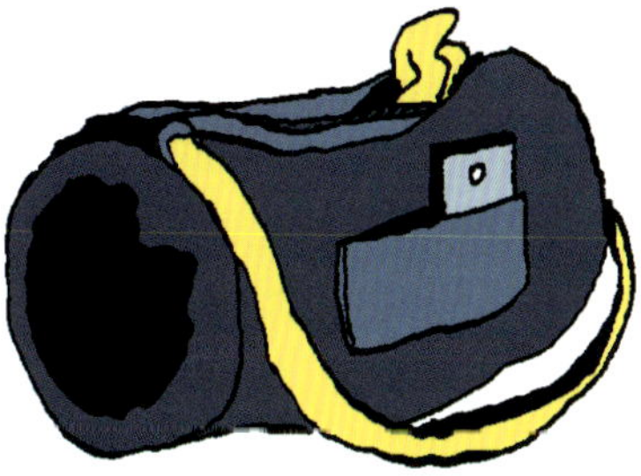

## Derrière les verrous

Le concierge du gymnase a tout suivi depuis le début et il cherche à nous aider ! J'ai l'impression qu'il veut nous révéler quelque chose, mais, avec les cris des spectateurs, difficile de le comprendre.

En éliminant les mots qui viennent du public, ça devrait aller mieux !

### Charade B

Mon premier débute l'alphabet.
Tu trouves mon second sous la croûte du pain.
Et mon dernier sous le pont d'un navire.
Mon tout n'est pas un match essentiel.

# Au bureau de poste

Mon papi Marcel a reçu un colis au bureau de poste. Nous sommes venus le chercher. Mais, au guichet, le postier nous annonce qu'il n'y a pas de colis au nom de M. Mikase. Un problème d'ordinateur ?

Méningomètre — Griffomètre — Décryptomètre

Pourtant, mon papi a reçu une confirmation sur son téléphone qui assure que le colis est bien arrivé ! Étrange, non ?

## Ticket manquant

Derrière le postier, il y a cinq colis sans nom et sans adresse… avec juste une référence. Il demande donc à mon papi son récépissé pour trouver lequel est le sien.
Pas de chance, son chat Tango en a mangé un gros morceau ! Aïe !

## À qui est-il ?

Sur l'écran du postier, voici les cinq noms qui s'affichent :

> **Devinette A**
> Quel est le comble pour un facteur ?

Donc l'un des colis est bien celui de papi Marcel… Mais lequel ?

Il faut absolument retrouver la référence complète que Tango a mangée !

## Un point sur le poids

Les deux lettres suivantes, effacées sur le ticket de papi Marcel, correspondent au poids du colis.

Aide-toi de l'affiche pour comprendre comment fonctionne le code et éliminer le ou les colis qui pèsent plus lourd.

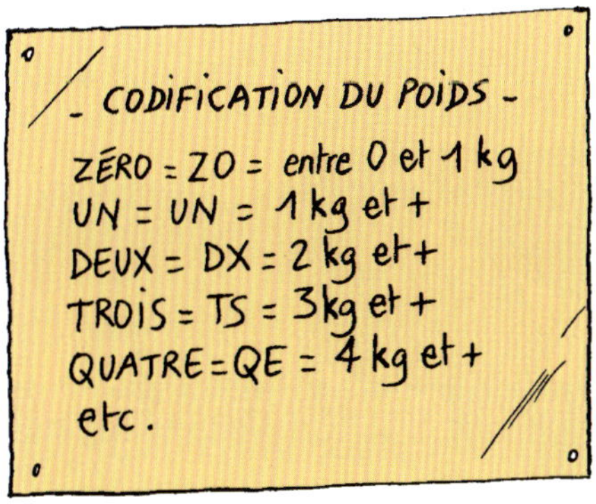

## Vous êtes ici !

Enfin, les quatre chiffres permettent de localiser le lieu d'habitation du client. Mon papi habite à l'angle de la rue des Arts et de la rue Antonin, en face du musée du Grand Balai !
En observant la carte, tu peux compléter le reste de la référence mangée par Tango.

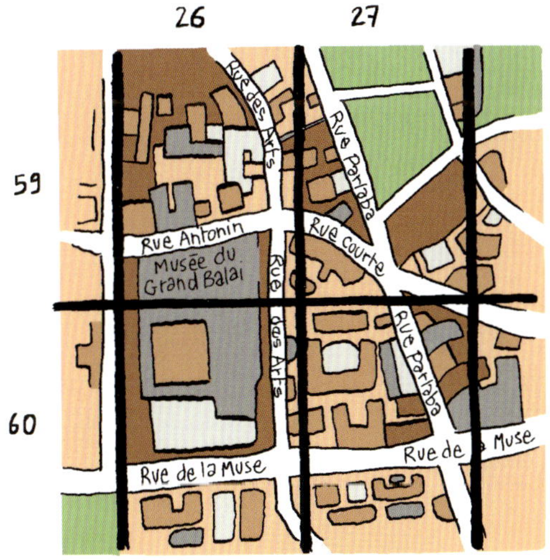


Avec toutes ces informations, facile de trouver le colis de papi Marcel !

### Devinette B

Quelle est la différence entre un facteur et un jongleur ?

# Chez le vétérinaire

M. Tibobeau a entendu un sacré vacarme provenant de sa salle d'attente. Il termine de soigner Grisette, le chat de Quentin, et, vite, sort de son cabinet pour en savoir plus. Mais il n'y a plus aucun bruit…

**Méningomètre** **Griffomètre** **Décryptomètre**

Quatre personnes attendent bien sagement, et chacune avec son animal. Mais pas le moindre indice. Sauf quelques traces de pattes suspectes au sol !

Que s'est-il donc passé ?

## Patte blanche

Avec la pluie qu'il fait dehors, les animaux ont fait des traces. Voilà déjà une piste !

En comparant les empreintes au sol avec celles qui figurent sur l'affiche dans la salle d'attente, nous aurons une première réponse.

### Devinette A

Quel est le comble pour un vétérinaire ?

## Pas tous en même temps !

Voilà une visite inhabituelle ! Le vétérinaire n'a pas l'habitude de soigner cet animal ! Pour en savoir plus, il interroge les personnes présentes dans la salle d'attente. Le problème, c'est qu'elles parlent toutes en même temps.

Forme deux phrases en mélangeant les mots des personnes qui ont un animal de la même espèce.

Tout devient plus clair, non ?

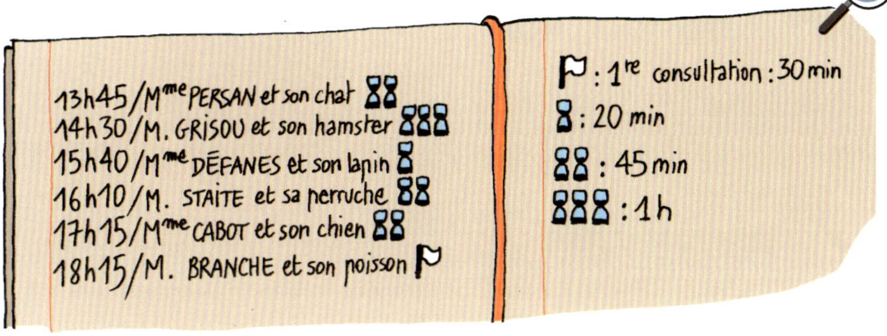


## Planning chargé

M. Tibobeau a-t-il une place pour une autre consultation ?

Regardons dans son agenda…
Il peut décaler un rendez-vous de 10 minutes mais pas plus. Et, attention, aujourd'hui, il ferme son cabinet à 19 heures.

### Devinette B

Où trouves-tu des chats marrants ?

### Devinette C

Quel est le comble pour un docteur ?

# Au cinéma

Cet après-midi, toute la bande est au cinéma ! Mais... dès les premières images, nous avons un drôle de choc ! Ce n'est pas du tout un film d'animation qui passe à l'écran...

Méningomètre

Griffomètre

Décryptomètre

Ce qui est étonnant, c'est que les autres spectateurs ne réagissent pas. Quelque chose ne tourne pas rond, c'est certain ! Nous vérifions nos tickets. Rien de suspect à ce niveau. Alors où est le problème ?

## Un drôle d'impair

Soudain, Rébecca réagit : au guichet, la vendeuse a prévenu que l'ordre des salles était bousculé. Peut-être bien que l'explication se trouve là ! Un spectateur nous a entendus, il veut nous aider. Le souci, c'est qu'il a un gros accent anglais ! Que dit-il ?

Découpe les mots au bon endroit pour le comprendre.

### Charade A

Mon premier est la 7e lettre de l'alphabet.
Mon deuxième se situe entre ta bouche et tes yeux.
Mon troisième est un grain qui se mange.
Mon dernier est en tire-bouchon chez le cochon.
Mon tout précède ou suit le film.

Ce premier élément nous met sur la voie !

## À l'affiche

Maintenant, pour savoir dans quelle salle est projeté notre film, il faut consulter le programme complet du cinéma.

## Compte à rebours activé !

Vite ! Pas une seconde à perdre ! Il faut changer de salle.

Combien de temps nous reste-t-il avant le début de notre séance ? Personne n'a l'heure juste mais, en regroupant ce que chacun dit, tu peux la deviner.

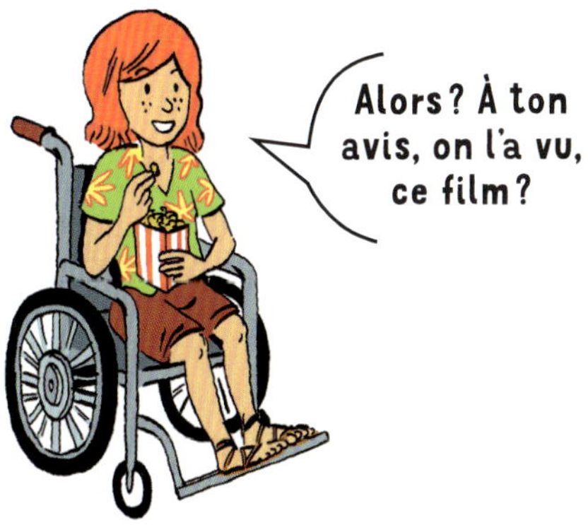


### Charade B

Mon premier est le contraire de court.
Mon second fait cent centimètres.
Mon dernier désigne le nombre d'années que tu as.
Tu regardes mon tout au cinéma.

Bonne chance!
ENTR
À mon avis, il va faire une grosse bêtise, celui-là!
Faisons le tour du bâtiment pour voir où il va! Lukas, tu restes ici pour surveiller la sortie!
Un hôtel! Il va cambrioler les chambres, c'est sûr!
HOTEL AMBASSADOR
Monsieur! Un voleur vient d'entrer dans votre hôtel!
Ne vous inquiétez pas! S'il y a un voleur, on finira bien par le voir, il y a des caméras partout!
Rébecca? Il est là-bas!
J'ai une idée! Toi, Daphné, tu bloques la porte avec ton fauteuil! Et toi, Quentin...
QUELQUES MINUTES PLUS TARD.

Uuiiuuiiui!
Tout va bien! Je pense que c'est une fausse alerte!
Uuiiuuiiuuii!
Avec ça, tu pourras pas t'échapper!
ENTRÉE DES ARTISTES
THEA
SUR LES TRACES DU CAMBRIOLEUR
C'est pas plutôt ici qu'il est allé!
THEATR
SUR LES TRACES DU CAMBRIOLEUR
Les amis, les amis! Arrêtez tout!
Que se passe-t-il, les enfants? D'où vient cette sonnerie?

# UN COUP DE POUCE À L'HISTOIRE

Nos quatre enquêteurs s'amusent à revisiter le passé et revivre des moments qui sont restés gravés dans l'Histoire. Que d'épreuves et de problèmes à résoudre ! Voyons comment les choses auraient pu se passer si toi aussi tu avais été un illustre témoin...

**Les énigmes de**
## Quentin Tuission



**Les énigmes de**
## Rébecca Mikase

Les énigmes de
## Lukas Staite

Les énigmes de
## Daphné Lémentère

# Avec Christophe Colomb

Voilà plus d'un mois que Christophe Colomb et ses trois navires traversent l'Océan à la recherche d'une nouvelle route vers les Indes orientales. L'équipage s'impatiente et les vivres baissent de plus en plus...

Méningomètre · Griffomètre · Décryptomètre

Chaque jour passé, Christophe Colomb coche d'une croix son calendrier. Le temps presse. Il faut absolument arriver avant que les réserves d'eau potable soient totalement épuisées...

## Tic-tac, tic-tac !

L'équipage a embarqué assez d'eau pour tenir 40 jours. Pour savoir combien de temps ils peuvent encore naviguer, il faut connaître le nombre de jours déjà écoulés depuis leur dernier ravitaillement. Examinons de près le calendrier et ce que dit l'amiral Colomb.

### Charade A

Mon premier est entre le J et le L.
Mon second, un rongeur qui aime les égouts.
Le chien remue mon dernier quand il est content.
Mon tout est un grand navire de la fin du Moyen Âge.

## Au compte-gouttes

Maintenant que tu sais combien de jours ils peuvent tenir, il faut vérifier si le niveau des réserves correspond vraiment à ce chiffre.

Pour cela, il faut écouter ce que dit le marin qui a contrôlé le niveau des tonneaux et se servir du code pour le calcul.

## Terre en vue !

La bonne direction est forcément comprise entre le nord et le sud, du côté ouest. Mais laquelle est-ce précisément ? Aide-toi des témoignages suivants. En procédant par élimination, tu finiras par la trouver !

### Charade B

Mon premier est le contraire de haut.
Mon second est la maison des oiseaux.
Tu respires mon dernier.
Mon tout est une sorte de drapeau.

# Le sacre de Louis XIV

Dans quelques jours, le tout jeune Louis XIV, âgé de 15 ans, sera sacré roi de France. Il est déjà en route pour Reims, le lieu de la cérémonie. Toute la ville est en agitation…

**Méningomètre** **Griffomètre** **Décryptomètre**

Pour ce grand événement, le futur roi attend des princes et des seigneurs venus parfois de très loin. Mais, dans l'excitation, les préparatifs manquent de précision. Heureusement que nous sommes là pour rattraper le coup !

## À table !

Pour organiser le festin qui suivra la cérémonie du sacre, les valets ont fait venir, depuis Paris, la vaisselle royale. Malheureusement, pendant le voyage, il y a eu de la casse. Le roi pourra-t-il servir tous ses invités d'honneur dans cette vaisselle ?

Observons bien le contenu des caisses et écoutons ce que dit le valet…

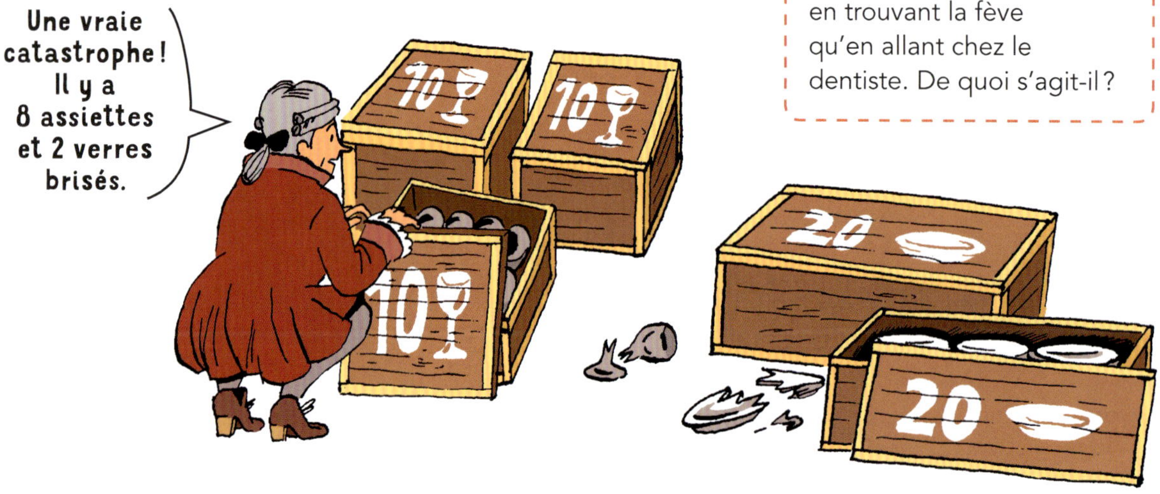


### Devinette A

Mieux vaut pour toi l'avoir en trouvant la fève qu'en allant chez le dentiste. De quoi s'agit-il ?

## Gloire à toi !

Tous les poètes sont invités à écrire une belle poésie en l'honneur du nouveau roi. Abel Plume a très envie que la sienne soit choisie. Donne-lui un petit coup de main pour terminer ses vers.

## Vive le marié !

Lors de son sacre, Louis XIV recevra un anneau, symbole de son union avec le peuple. Mais personne ne sait à quel doigt le lui mettre. Le valet en charge du bijou sait seulement qu'il faut au roi une bague de taille 10.

Devine les tailles manquantes en complétant les suites logiques pour chaque doigt.

> **Devinette B**
> Quel est le comble pour un roi ?

# La locomotive à vapeur

Après avoir inventé sa voiture à vapeur, l'ingénieur anglais Richard Trevithick a bien l'intention de mettre sur les rails le premier train de l'Histoire. Mais l'affaire n'est pas simple...

Méningomètre

Griffomètre

Décryptomètre

Il y a encore quelques étapes à franchir avant que les passagers ne prennent place. Retrousse tes manches, et en voiture !

**Devinette A**

Quel est le comble pour un conducteur de train ?

## Comme sur des roulettes

La conception de sa locomotive avance bien. Richard a dessiné deux modèles. Mais l'un des deux n'est pas logique : quand on pousse la poignée vers l'avant il recule. Lequel va-t-il garder finalement ?

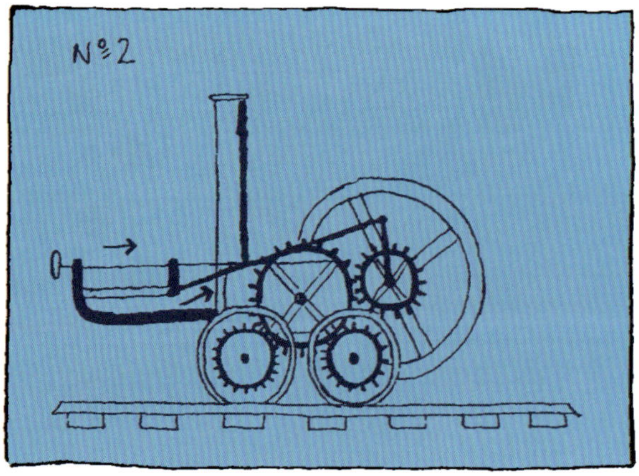

## Prenez place !

Pour organiser ce premier voyage, l'ingénieur doit calculer le nombre de passagers que son train va pouvoir transporter. Fais le compte pour un wagon. Il te suffira d'additionner le nombre trouvé autant de fois qu'il y a de wagons.

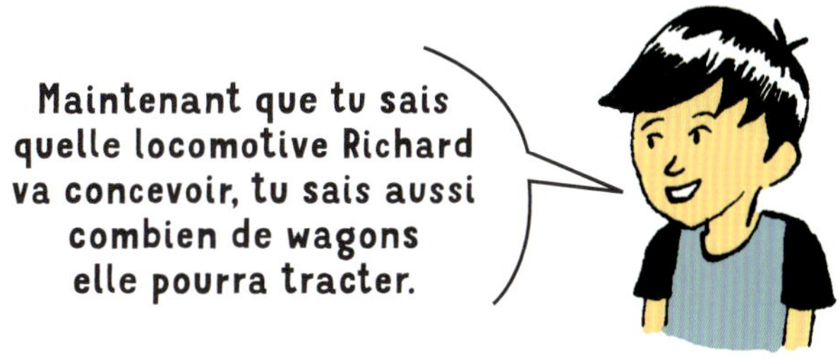


### Devinette B

Dans quel but les conducteurs de train mangent-ils léger avant leur travail ?

### Devinette C

Quelle est la différence entre le père Noël et une vieille locomotive ?

### Devinette D

Quel est le comble pour un mécanicien ?

# Le premier téléphone

Voilà des mois que l'inventeur Graham Bell travaille sur un nouvel appareil permettant de se parler à distance. Une drôle de machine qui va changer la vie !

**Méningomètre** **Griffomètre** **Décryptomètre**

Mais avant que tout soit prêt, il y a encore du travail. Et tu pourrais bien lui être utile.

## En pièces détachées

Pour réaliser son appareil, Graham a besoin de matériel. Il a dressé une petite liste des objets qui lui manquaient. Mais, dans sa précipitation, les mots ne sont pas coupés aux bons endroits. Lis de haut en bas en détachant et en recollant les mots comme il faut.

Grâce à son témoignage, tu sauras quelle pièce il n'a pas encore achetée.

## Qui est Watson?

Graham a envoyé son proche collaborateur, Watson, chercher la pièce manquante et une autre pièce qui ne figure pas sur la liste. Watson arrive dans la boutique, mais deux autres personnes sont là. Ce sont des espions essayant d'en savoir plus sur cette fameuse invention.

L'un des trois est le véritable assistant de Graham, mais lequel ? Aide-toi de la liste pour le trouver. Tu finiras aussi par connaître la pièce que Graham a oublié de noter.

## Devinette

Pourquoi tu ne verras jamais un poisson répondre au téléphone ?

## Un télégraphe parlant

Miracle ! Le premier téléphone est prêt, et il fonctionne ! Il ne reste plus qu'à lui trouver un nom. Graham a déjà noté quelques idées, mais il n'est pas convaincu.
Forme un nouveau mot en gardant deux lettres de chacun des noms proposés. Sers-toi du code pour deviner les lettres à conserver.

VIBRATOSCOPE / 12 et 11
SONOBRUIT / 5 et 4
MÉGAPARLANT / 8 et 7
PHONOGRAPHE / 10 et 9
GRAMOTONE / 2 et 1

## Charade A

Mon premier est entre le *do* et le *mi*.
Tu passes au-dessus du fleuve avec mon deuxième.
Mon troisième est la moitié de quatre.
L'horloge t'indique mon dernier.
Mon tout a un message pour toi.

## Charade B

Mon premier est un animal qui brait.
Mon second n'est pas habillé.
Mon dernier est une lettre qui se respire.
Mon tout connaît tous les numéros.

# L'invention des frères Lumière

Le jour de la première projection est enfin arrivé ! Auguste et Louis Lumière vont présenter leur invention, le cinématographe, à la presse et au public parisien…

**Méningomètre** — **Griffomètre** — **Décryptomètre**

Tout doit être opérationnel pour que le succès soit au rendez-vous. Voyons où en sont les préparatifs !

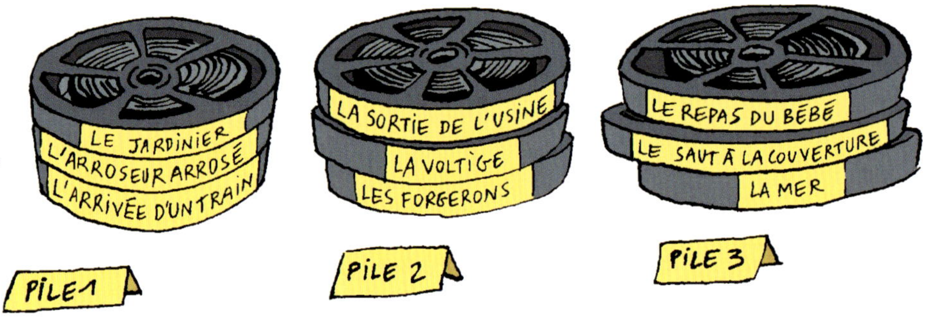


## La première séance

Il n'y aura que dix petits films programmés pour cette première projection. Trois ont déjà été sélectionnés. Il faut encore en choisir sept dans les piles. Quels sont ceux qui ne feront pas partie de la sélection ?

## Devinette A

Dans le noir, elle peut t'éclairer. Mais si tu l'as sous le pied, elle t'empêche d'avancer. De quoi s'agit-il ?

Les frères Lumière ont donné des consignes à leur assistant. Si tu les décryptes, tu sauras quels sont les sept titres choisis.

## Tarif unique

Il faut maintenant décider du prix que les premiers spectateurs vont payer pour assister à la projection. Après plusieurs calculs, les frères Lumière se sont mis d'accord sur un montant. Tu le découvriras en trouvant la valeur de la petite pièce.

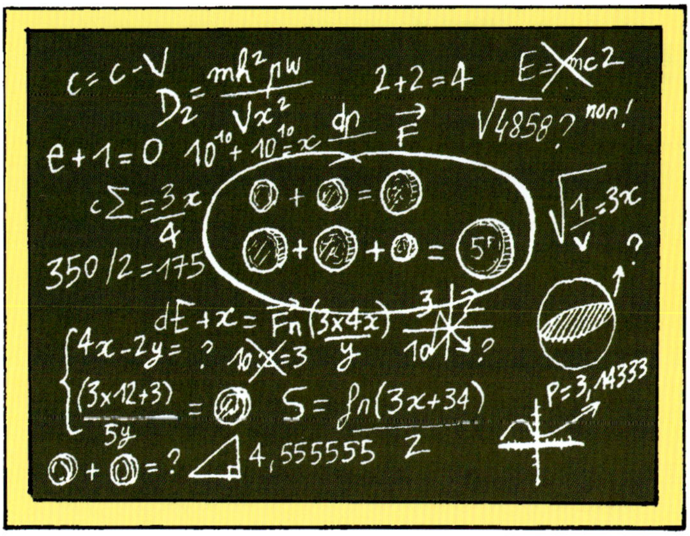


## Un lieu obscur

Comme le cinématographe est encore inconnu, personne ne veut accueillir cette première projection. Après une recherche minutieuse, l'assistant des frères Lumière a fini par trouver. Ouf! Mais il a oublié le nom de l'endroit. Heureusement, il se souvient de certains détails.

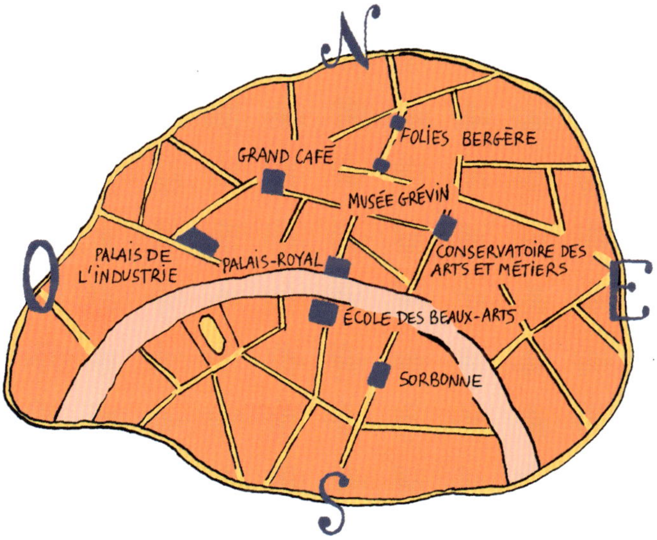

**Devinette B**

Quelle est la différence entre une couturière et un projectionniste?

# L'expédition au pôle Nord

L'explorateur américain Robert Peary est sur le point de réaliser son rêve. Être le premier à atteindre le pôle Nord ! Après plusieurs jours de marche, il ne lui reste que quelques kilomètres à parcourir…

Méningomètre — Griffomètre — Décryptomètre

Mais pour réussir cette mission, il ne faut rien laisser au hasard ! Au petit matin du dernier jour de l'expédition, il y a encore quelques petits détails à régler. Prêt à relever ce nouveau défi ?

## Un froid d'ours polaire

Plus il fait froid et plus la progression est difficile ! Les thermomètres n'ont pas l'habitude de températures aussi basses. Du coup, ils se sont déréglés.

En suivant ce que disent les Inuits, tu pourras trouver la vraie température.

**Devinette A**

Quel bruit fait un Inuit lorsqu'il boit ?

## Poids plume

Robert ne veut pas trop surcharger son traîneau. De cette manière, il ira plus vite. Que va-t-il laisser derrière lui ?

Il faut qu'il emporte le plus de paquets possible, et un peu de nourriture. Un petit calcul, et le tour est joué !

## En place !

C'est l'heure d'accrocher les chiens au traîneau ! Chaque chien doit changer de côté pour éviter de se fatiguer trop vite. Mais attention, il y a d'autres règles à respecter pour que la meute se comporte bien.

Observe la composition du traîneau de la veille, et tu auras la réponse.

### Devinette B

Quel est le comble pour un Inuit ?

### Charade

Mon premier est le 1er jour du calendrier.
Au cirque, on envoie mon second au visage du clown.
Mon dernier est un parasite du chien.
Mon tout est à l'opposé du pôle Nord.

# Le tombeau de Toutankhamon

L'archéologue Howard Carter est de retour en Égypte pour ses dernières fouilles. Il est sur le point de découvrir la tombe du pharaon Toutankhamon. Mais il ne le sait pas encore…

**Méningomètre** **Griffomètre** **Décryptomètre**

Avant d'y arriver, il va falloir se mettre au travail. En route pour la Vallée des Rois !

## Bonne pioche !

Howard revient dans cette vallée célèbre, où se trouvent déjà de nombreuses tombes de pharaons. Mais où va-t-il creuser cette fois ? Additionne les chiffres des points les plus éloignés. Trouve le résultat sur la carte, puis additionne-le au chiffre du point le plus proche. Et tu auras l'emplacement de la tombe.

## Charade A

Mon premier est la mamelle de la vache.
Mon deuxième est un rongeur d'égout.
Mon troisième est sous la croûte du pain.
Mon dernier est la moitié de quatre.
Mon tout se visite en Égypte.

## Toc-toc-toc ! Qui est là ?

C'est gagné ! Notre archéologue a découvert un escalier. Il mène à une porte sur laquelle figure un signe qui indique qu'il s'agit bien du tombeau de Toutankhamon. Dingue ! Avec le temps, il est un peu effacé.

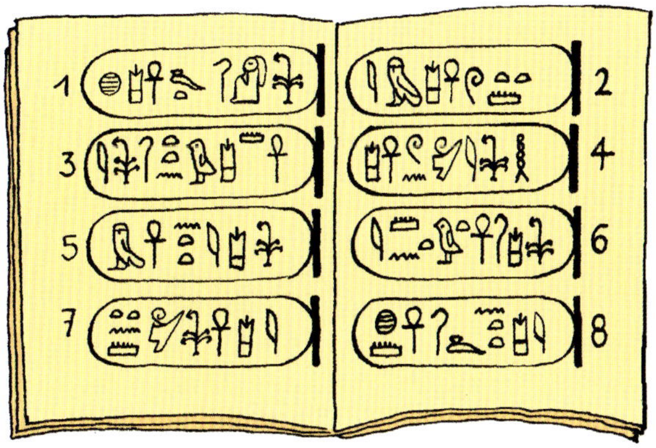


À quoi ressemble-t-il ? Aide-toi du cahier d'Howard.

Le bon est dans la colonne de gauche, c'est celui qui est représenté avec les mêmes hiéroglyphes dans la colonne de droite.

## Vous êtes ici !

L'exploration du tombeau a conduit Howard dans plusieurs pièces, notamment dans la chambre du trésor. À l'aide de son témoignage et de la carte qu'il a dessinée, tu pourras en retrouver l'emplacement.

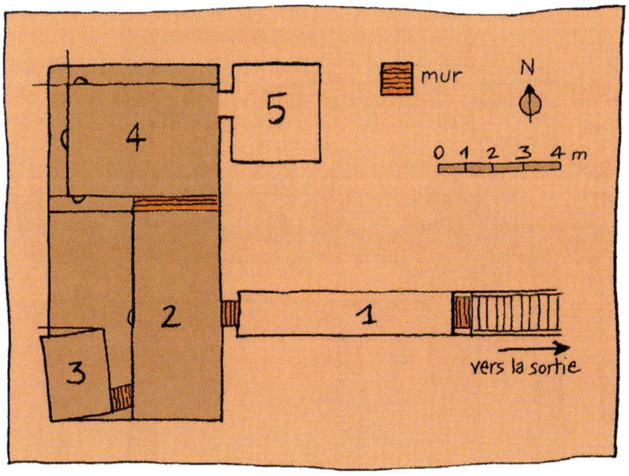

### Charade B

Mon premier est le contraire de sur.
Mon second est ta planète.
Mon dernier est la moitié de deux.
Il faut creuser pour atteindre mon tout.

# La traversée de l'Atlantique en avion

Après de nombreux essais restés sans succès, c'est au tour de l'Américain Charles Lindbergh de tenter de traverser l'Atlantique en avion...

Méningomètre | Griffomètre | Décryptomètre

Pour y arriver, il met toutes les chances de son côté en observant attentivement tous les détails de sa machine. Reste auprès de lui, il va avoir besoin de ton soutien !

## Ça coule de source

Son avion a 5 réservoirs (A, B, C, D et E) qui répartissent le poids de l'essence pour ne pas déséquilibrer l'appareil. Du coup, le mécanicien a construit un réseau de tuyaux et de robinets très complexe. Il questionne Charles pour voir s'il saura s'en servir. Il doit tourner un robinet mais lequel ?

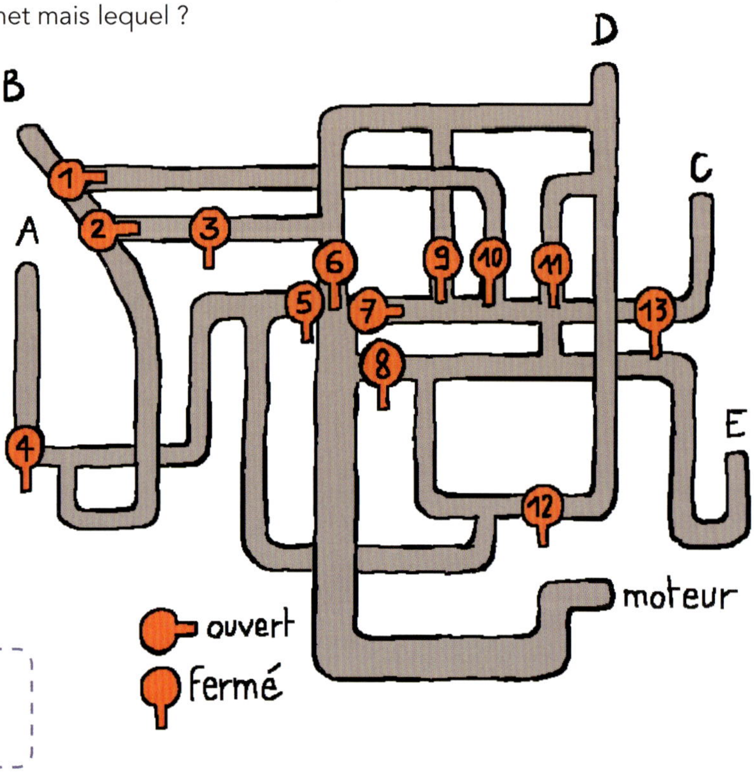


**Devinette A**
Quel est le comble pour un avion ?

## Un matricule

L'engin est prêt à voler. Il lui faut maintenant un numéro d'immatriculation, comme les voitures. Regarde attentivement les dernières plaques émises. En passant d'un numéro à un autre, tu verras qu'il y a une logique. Quel sera le suivant ?

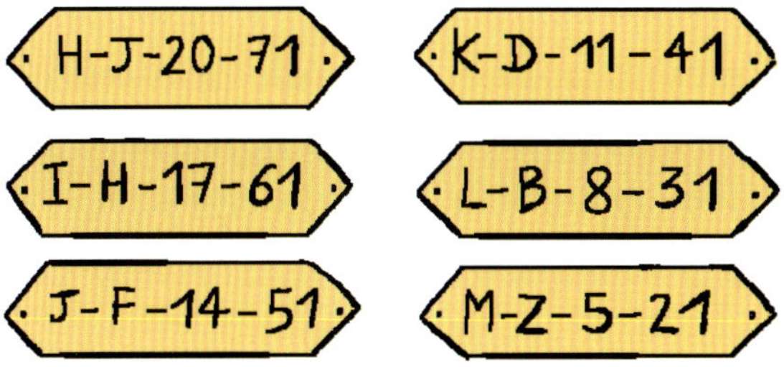


## Un risque à prendre

Charles Lindbergh est malin. Il sait que son avion doit être le plus léger possible pour gagner en vitesse et être très maniable. Écoute ce qu'il dit, et tu sauras quelles sont les deux choses qu'il n'emportera pas avec lui.

### Devinette B

Quelle est la différence entre un avion et une poêle à frire ?

### Devinette C

Quelle est la différence entre un avion et un caillou ?

# L'ascension de l'Everest

En cette année 1953, une nouvelle expédition est lancée à l'assaut du plus haut sommet du monde, l'Everest. Personne n'a encore jamais réussi à l'atteindre mais deux alpinistes sont enfin sur le point d'y parvenir...

Méningomètre — Griffomètre — Décryptomètre

Chausse tes crampons, l'aventure commence !

## Photo de groupe

Des centaines d'hommes participent à l'expédition, mais seuls quelques alpinistes sont prêts à réussir cet exploit. Ils se sont réunis la veille de la dernière tentative. Pour savoir qui poursuivra l'ascension, commence par les repérer sur le dessin, en t'aidant des indices ci-dessous.

### Charade A

Mon premier est la moitié de papa.
Mon second trône à côté de la reine.
Mon tout ne s'escalade pas facilement.

Tu as donc repéré Tom, Alf, Tensing, Ang, Edmund, Charles et George.

Après des semaines d'effort, certains sont plus fatigués que d'autres. Seuls deux parmi eux vont tenter l'ascension. De qui s'agit-il ?
La réponse est facile grace à l'indice ci-contre...

## Casse-croûte terrestre

Avant d'entamer cette ultime marche jusqu'au sommet, il faut prendre des forces et boire beaucoup.
Le médecin de l'expédition leur a laissé un petit mot avec le repas idéal à prendre. Mais avec l'humidité il s'est déchiré et mélangé à d'autres listes. Pas de panique : en trouvant les quatre bons morceaux et en les recollant, ils pourront le lire !

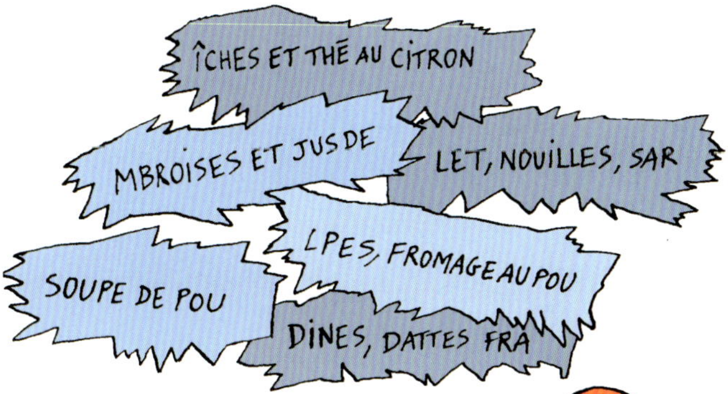

## Une arrivée glaciale

Victoire ! Les deux derniers alpinistes de l'expédition parviennent enfin au sommet après de nombreux efforts. L'un d'eux regarde sa montre. Aide-toi de leur témoignage pour savoir à quelle heure ils se sont réveillés et à quelle heure ils ont quitté le camp...

### Charade B

Mon premier est la mamelle de la vache.
Mon second sort du robinet.
Mon dernier sort de mon premier.
L'alpiniste ne sort jamais sans mon dernier.

# Sur la Lune

Après trois jours de voyage depuis la Terre, *Apollo 11* approche de son objectif. Buzz et Neil, les deux astronautes américains à bord du module lunaire, entament la descente pour se poser sur la Lune...

**Méningomètre** **Griffomètre** **Décryptomètre**

L'opération est très délicate. Reste vigilant et garde un œil sur les commandes !

## Alerte !

Bip ! Bip ! Buzz, qui s'occupe de l'ordinateur de bord, entend un signal d'alerte. Il faut absolument savoir d'où vient le problème. Mais, avant tout, il doit trouver le numéro de cette alarme. Passe d'un numéro à l'autre, et tu découvriras une suite logique.

### Devinette A

Quel est le comble pour un astronaute ?

## Message d'erreur

Maintenant que Buzz a le numéro de l'alarme, il le communique au centre spatial, sur Terre. Le responsable des opérations, Steve, consulte le cahier des alarmes pour savoir ce qu'elle signifie. Mais celui qui a recopié la liste était trop pressé ! Et écrivait très mal…

**Recolle et coupe les mots aux bons endroits pour lire la phrase.**

### Devinette C

Grâce à moi, une plante devient une planète. Qui suis-je ?

### Devinette B

Quelle est la différence entre un boulanger et la Lune ?

## Panne d'essence

Steve décide d'ignorer cette alarme et de poursuivre la mission. Buzz reprend les commandes. Poser le module sur la Lune devrait lui prendre 1 min 30. Mais, à nouveau, une alarme se déclenche. Le niveau de carburant est bas.

**Aïe aïe aïe !… Auront-ils assez de carburant pour atterrir ?**

**Buzz, Neil ? Attendez-moi ! Il vous reste une petite place pour moi ?**

La module *Explorator II* vient de se poser sur Mars avec, pour la première fois, des astronautes à bord !
Ouf ! Mars nous voilà ! Vite, il faut établir le contact avec le centre spatial !
facebook
Ici *Explorator II* ! Vous nous recevez ? Le module est posé !
Nous vous recevons ! Vous êtes en direct sur les chaînes du monde entier !
Le centre ? On a un problème ! Vous entendez le signal d'alerte ?
BIP ! BIP !
Je vérifie les instruments... Le contrôle thermique, O.K. ! Le système de guidage, O.K. !
Aucun voyant ne clignote ! C'est très étrange !
OK
OK
OK
BIP ! BIP !
De notre côté, nous ne voyons rien d'alarmant ! Entamez la procédure de sortie !
Nous allons t'installer dans la Marsmobile et nous sortirons derrière toi !
Daphné, tu es prête ? Quand tu veux !
BIP ! BIP !

C'est une petite roue pour l'homme mais une grande roue pour l'humanité !
Quel silence ! C'est incroya...
Mais... ! Vous entendez ? Il y a un chat sur Mars ?
MIAOUUUUUH !
MIAOUUH !
Quentin ? Tu vas rater ton bus !
Maman ? Tu es au centre spatial ? Mais... de quoi tu parles ? Quel bus ?
BIP ! BIP !
Ton bus pour l'école !
MIAOUUUUUH
BIP ! BIP !
J'ai rêvé que j'étais sur Mars !
Mars ? C'est pas la porte à côté, mais ton école, si !

# DES CARTES POSTALES À DÉCHIFFRER

Démasquer des imposteurs, trouver des trésors ou encore mettre la main sur un objet perdu... De nouvelles difficultés attendent notre petite bande aux quatre coins du globe. Reste concentré, ton soutien est leur meilleur allié !

Les énigmes de

## Daphné Lémentère



Les énigmes de

## Quentin Tuission

Les énigmes de
## Rébecca Mikase



Les énigmes de
## Lukas Staite

# À la tour Eiffel

Quelle chance ! Daphné et sa famille sont parties visiter la capitale. Et Daphné a enfin réalisé son rêve, monter dans la tour Eiffel ! Elle nous a envoyé cette petite carte pour nous raconter cet événement...

**Méningomètre** — **Griffomètre** — **Décryptomètre**

Le bureau de Gustave Eiffel
au sommet de la tour Eiffel

*Coucou depuis la célèbre Tour !*
*Nous sommes montés tous les 3, Maman, Philéas et moi, dans le premier ascenseur jusqu'au deuxième étage. Papa a fait son sportif. Il est monté au premier par les marches. Quel exploit ! Puis il nous a rejoints au deuxième. Un peu plus tard nous avons repris un ascenseur jusqu'au sommet pour visiter quelque chose. Devinez un peu ! La vue était magnifique. J'ai reconnu 5 monuments célèbres. Ensuite, nous sommes redescendus au premier pour acheter 7 souvenirs.*

Mais elle ne nous dit pas tout. Que de mystères ! Et toi, que comprends-tu ?

## Un grand tour

À chaque étage, la famille de Daphné a fait quelque chose de différent. Quelles ont été leurs trois activités principales et dans quel ordre se sont-elles déroulées ? Heureusement, Rébecca a un indice très précieux !

### Devinette A

Quelle est la différence entre un architecte et un magicien ?

## Tours de poche

Daphné nous a envoyé une photo de la boutique qu'elle a visitée. Avec les informations qu'elle nous a communiquées au dos, ça ne devrait pas être trop difficile de trouver ce que chacun recevra en cadeau.

### Devinette B

Tu appuies dessus pour un court voyage. Mais, si tu le trouves sur toi, alors c'est qu'un moustique vient de passer.
De quoi s'agit-il ?

## Ça use, ça use !

Combien de marches le papa de Daphné a-t-il gravies ? Relève trois chiffres présents sur la carte, puis mets-les côte à côte dans l'ordre de lecture. Attention, il y en a un en trop dont il ne faut pas tenir compte. Pour savoir lequel, aide-toi de cette affichette.

# Devant la statue de la Liberté

Pendant les vacances, Rébecca a accompagné sa maman à New York. Au bout de quelques jours, une surprise nous attend dans la boîte aux lettres…

**Méningomètre** **Griffomètre** **Décryptomètre**

La tête et la couronne de la statue de la Liberté

*Salut la compagnie !*
*Aujourd'hui, visite de la fameuse statue. Nous avons pris le ferry juste avant 10 heures et nous sommes revenues juste après 14 heures. Une longue visite pour apprendre plein de choses sur elle. Il a fallu 8 plaques de cuivre pour la fabriquer et elle fait 354 millimètres d'épaisseur. Il faut gravir 2,5 marches jusqu'à son sommet, ce qui fait à peu près 300 étages. Et sa couronne comprend 22 épines.*

*Bisous*

Avec Quentin et Daphné, nous sommes prêts à lire la carte de Rébecca. Tu te joins à nous ?

## Une statue démesurée

Rébecca s'est amusée à mélanger certaines informations. Remets les chiffres en rouge à leur bonne place en t'aidant du témoignage de son papi Marcel, qui est déjà allé aux États-Unis.

Et, si tu observes bien la carte postale, tu découvriras aussi que l'une des informations est fausse…

## Charade A

Les pompiers luttent contre mon premier.
Mon second est le contraire de rapide.
Mon dernier est le contraire de laid.
La statue de la Liberté tient mon tout.

## Montre en main

Combien de temps Rébecca et sa maman ont-elles passé sur Liberty Island, l'île où se trouve la statue ? Observe bien les horaires du ferry sur la photo que montre le papi de Rébecca.

### Charade B

Mon premier brûle.
Mon deuxième est un œil au pluriel.
Mon troisième vient avant le *ré*.
Mon dernier est un métal précieux.
Mon tout recouvre la flamme de la statue.

## Ça décoiffe !

Dans l'enveloppe, avec la carte, Rébecca a glissé une petite devinette sous forme de rébus. Elle nous a expliqué qu'en la déchiffrant, nous pourrions découvrir quelque chose d'étonnant sur la statue.

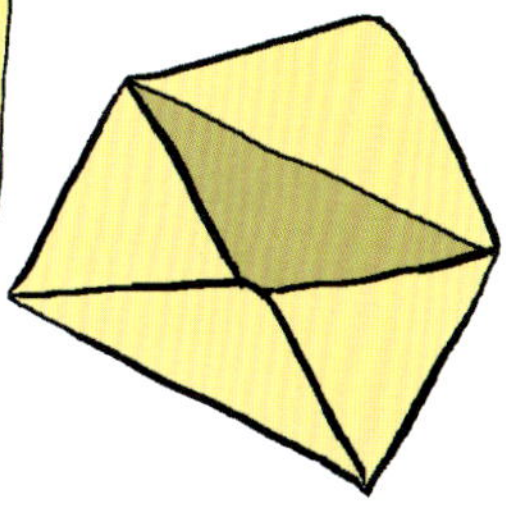

# À Venise

Un drôle de fantôme s'amuse à effrayer les habitants du quartier de San Marco. Le journal local vient même de recevoir une carte de sa part…

Méningomètre

Griffomètre

Décryptomètre

Le lion ailé
de la place Saint-Marc.

SAN MARCO

LE FANTÔME REVIENT DANS LES RUES DEMAIN, RESTEZ SUR VOS GARDES ! D'AUCUNE FAÇON, VOUS NE DEVINEREZ QUI SE CACHE DERRIÈRE LE FÉLIN.

L'enquête ne fait que commencer, mais j'ai l'impression que notre fantôme a laissé traîner quelques indices. Voyons cela de plus près !

### Plumes ou poils ?

D'après les personnes qui l'ont croisé, le fantôme portait le masque d'un animal. Mais lequel ? Le message sur la carte contient un indice précieux qui te permet d'en éliminer quelques-uns.

## La bonne enseigne

Dans le quartier de San Marco, il n'y a que trois boutiques qui vendent des masques d'animaux. Tu peux éliminer celle qui n'a aucun lien avec la statue visible sur la carte postale.

### Devinette A

Tu peux l'admirer aussi bien à l'intérieur qu'à l'extérieur. Par contre, si tu as mal aux dents, il n'y a que le dentiste qui verra le tien. De quoi s'agit-il ?

## Que font-ils ?

L'enquête progresse à grands pas. Grâce au témoignage du vendeur de la boutique, nous avons trois suspects. Et nous connaissons même le métier de chacun. Recolle les lettres en rouge de la carte, et tu verras qu'il les a découpées dans un journal qui le concerne.

### Devinette B

Sans lui, impossible de traverser. Quand tu es dessous, tu n'as plus un sou. Et, sur un bateau, il peut être avant ou arrière. De quoi s'agit-il ?

Antonio, CUISINIER — Guido, SERVEUR — Sophia, GUIDE

# Au grand bazar d'Istanbul

Lukas nous a écrit depuis Istanbul, où il séjourne avec sa famille. Après avoir arpenté le grand bazar, ce gigantesque labyrinthe de boutiques, ils se rendent compte d'un petit oubli...

**Méningomètre** — **Griffomètre** — **Décryptomètre**

Essayons de les secourir avec les quelques indices que nous avons !

Deux boutiques du grand bazar

*Aujourd'hui, nous revenons au grand bazar pour tenter de retrouver le cadeau pour Mamie, une belle théière. Nous avons oublié le sac dans la boutique de souvenirs où nous l'avons achetée. Quelle histoire ! Elle était dans un sac rose, de la couleur du quartier ! Ça, c'est certain.*

*Bisous*

### Devinette A

Il peut être de lune ou d'orange. Soit tu le manges, soit tu le parcours dans la ville. De quoi s'agit-il ?

### Devinette B

La trottinette en a cinq mais la tasse un seul. Pourtant, il a plus besoin de la tasse que de la trottinette. De quoi s'agit-il ?

## Plan d'attaque

Le grand bazar d'Istanbul est si vaste qu'il est composé de quartiers. Avant de savoir où se trouve la boutique de souvenirs dont parle Lukas, redonne à chaque quartier sa couleur en t'aidant des indices et de la carte.

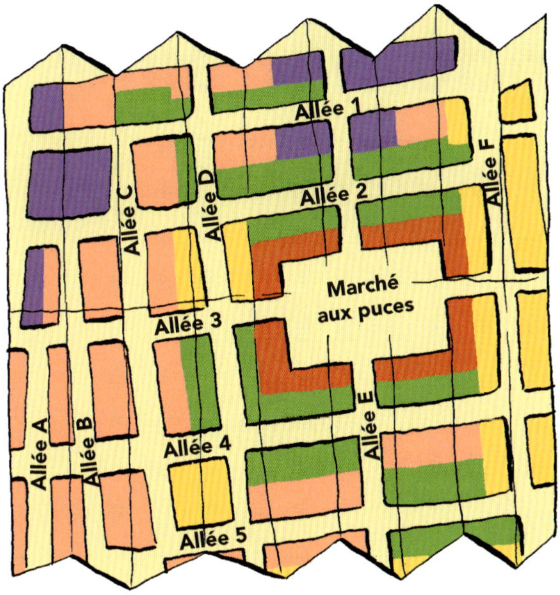


- le quartier du cuir
- le quartier des tapis
- le quartier des souvenirs
- le quartier des antiquités
- le quartier des bijoux

## La porte à côté

Lukas nous a écrit sur la carte que lui a donnée le vendeur de souvenirs. Tu peux donc y voir la boutique où il a oublié le cadeau. Voilà une nouvelle piste à exploiter.

## Quadrillage du terrain

Sur mon répondeur, Lukas a laissé un nouvel indice, mais la communication était très brouillée ! Pourras-tu déchiffrer son message ?

En regroupant tous les éléments, tu pourras enfin localiser l'endroit sur la carte.

# À la Grande Muraille

Notre petite bande est en vacances de l'autre côté du globe… en Chine ! Et alors que nous nous promenons au pied de l'immense et célèbre muraille, Lukas trouve une carte, au sol, avec un message.

Méningomètre

Griffomètre

Décryptomètre

Cette carte a été perdue avant d'être postée. À qui appartient-elle ? Ici, ça ne manque pas de touristes ! Recueillons ensemble les indices…

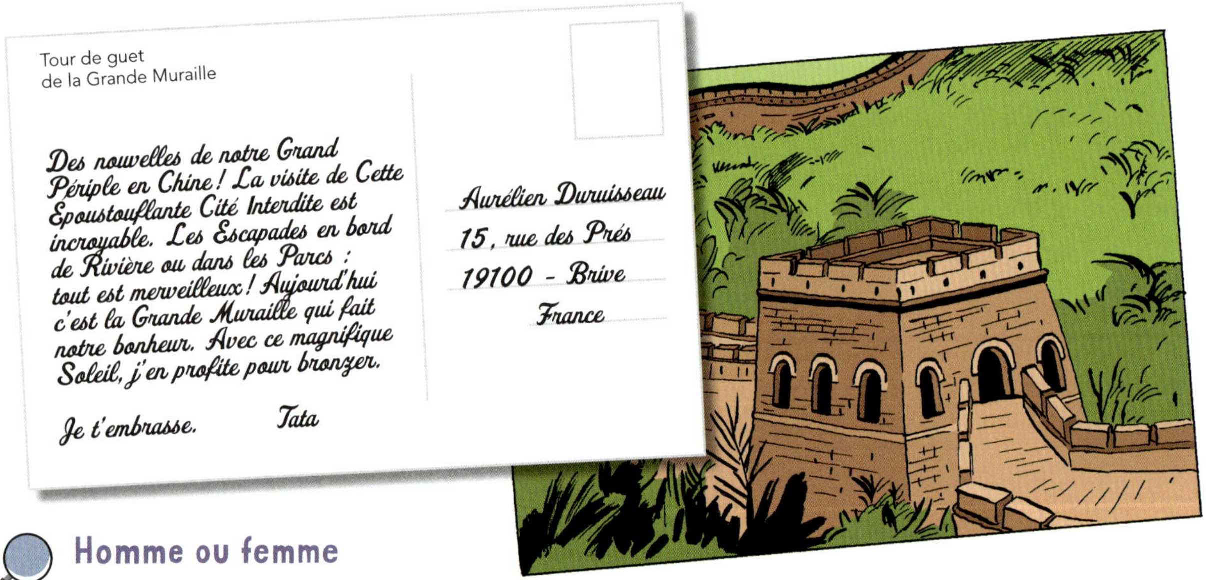


## Homme ou femme

À force de relire le message écrit sur la carte, Daphné est persuadée qu'il s'y cache le prénom de la personne à qui elle appartient. Et toi, le vois-tu ? Ses indications te mettront sur la voie.

### Charade A

Mon premier est le contraire de vrai.
Mon second est un métal précieux.
Mon dernier est une syllabe de butin.
Mon tout est un lieu défensif.

### Charade B

Le train arrive dans mon premier.
Mon second est un sens utile en cuisine.
Mon dernier est un œil au pluriel.
Mon tout servait à évacuer l'eau de la Muraille.

## Attention au départ !

Trois bus s'apprêtent à quitter les lieux. Il ne faut pas traîner, le ou la touriste que nous recherchons va partir. C'est au tour de Lukas de voir un indice caché ! Il est persuadé qu'il nous permettra d'éliminer l'une des trois destinations.

Trouve un nombre écrit en toutes lettres dans le message. Ce nombre indique le rang d'une lettre de l'alphabet. Cette lettre est présente dans la ville que notre mystérieuse personne s'apprête à rejoindre.

## Témoignage renversant !

Rébecca et Quentin sont allés voir la vendeuse de souvenirs, ils lui ont montré la carte. Il faut absolument comprendre ce qu'elle leur a répondu ! Son témoignage nous permettra de deviner quel bus va prendre la personne que nous recherchons.

# Au pied de Big Ben

La célèbre horloge de Londres a été déréglée par une mystérieuse personne ! Après avoir démarré l'enquête, les policiers de Scotland Yard ont reçu un message crypté.

Méningomètre — Griffomètre — Décryptomètre

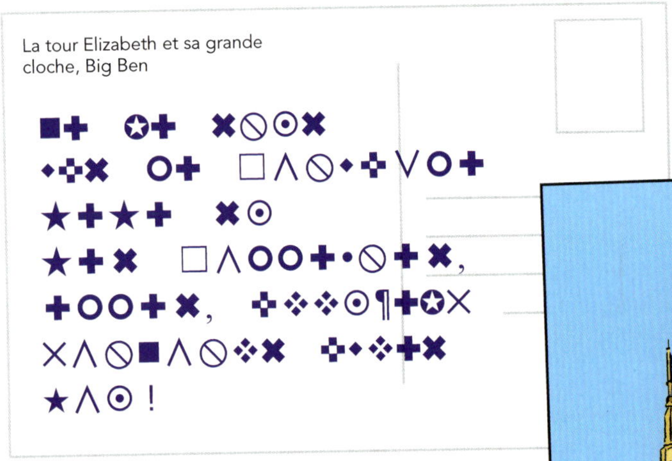


Que peut signifier ce message ? Qui l'a envoyé ? Tu es prêt à passer à l'action ?

## Carte muette

Selon les enquêteurs, cette carte est forcément liée à l'affaire de l'horloge. Pour en être sûr, il n'y a qu'une seule chose à faire : déchiffrer ce code. L'un des inspecteurs a une piste. Au pied de Big Ben, il a trouvé un bout de papier qui pourrait bien être lié au message…

## Devinette A

Quel est le comble pour un horloger ?

## Horloge parlante

Scotland Yard essaie de savoir à quelle heure l'horloge a été déréglée. À ce sujet, Big Ben a quelque chose à nous révéler. Elle affiche quatre heures différentes. Un enquêteur a remarqué que les aiguilles d'un cadran ne tournent plus depuis le dérèglement. Où sont-elles et quelle heure désignent-elles ?

**Horaires du matin**

**Horaires de l'après-midi**

## Ça cloche !

Il n'y a que trois personnes qui ont les clés permettant d'accéder au mécanisme de l'horloge. Elles sont convoquées par les enquêteurs. Avec leur témoignage et les éléments recueillis par l'enquête, il ne te reste plus qu'une petite déduction à faire avant de trouver le coupable.

### Devinette B

À deux, elles sont toujours à l'heure.
Seule, elle ne perd jamais le fil.
Une petite idée ?

**TRACY** **VICTORIA** **JACK**

# Au Machu Picchu

Mon père est dans tous ses états ! Il vient de recevoir une étrange carte de la part de Walton, son ami archéologue qui est en visite au Pérou, sur le site du Machu Picchu, une ancienne cité inca...

Méningomètre

Griffomètre

Décryptomètre

Le Machu Picchu et la pierre sacrée

J'AI VÉTROU UNE TEPOR TECRÈSE. ELLE EST À TÉMIXIPRO D'UN MENTNUMO. LUICE-CI EST PLUS AU NORD-EST QUE LE PLETEM DES TROIS-TRESNÊFE. MAIS CE N'EST PAS LE MENTNUMO QUE TU VOIS SUR LA TECAR LETAPOS.

WALTON

Mais pour que personne ne puisse lire son message confidentiel, celui-ci est codé....

## Au Chuma Chupic

Avant toute chose, il faut trouver un moyen de comprendre son message. Walton est un très vieil ami de mon papa. Ils se connaissent depuis l'enfance et, dès leur plus jeune âge, ils utilisaient déjà le même code.

### Charade A

Mon premier est la partie haute d'un costume.
Mon second est l'axe principal d'une plante.
Mon tout est un synonyme de ruines.

### Charade B

Mon premier se boit en sachet.
Mon second est un rongeur des égouts.
Mon dernier est un champion.
Il y a beaucoup de mon tout au Machu Picchu.

## Sans perdre le nord

Mon papa a ressorti sa vieille carte du Machu Picchu. Mais les points cardinaux se sont effacés avec le temps. Pourtant, ils sont indispensables pour comprendre le message de Walton. À toi de les compléter !

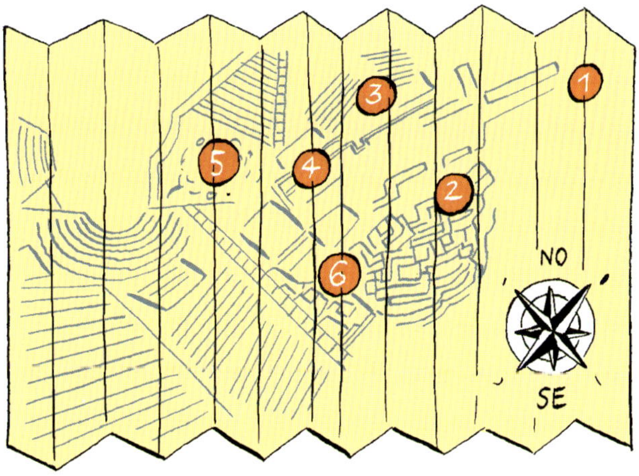

## Un point sur les points

Pour savoir de quoi parle Walton, nous avons ressorti les photos d'un voyage de mon papa au Pérou. Derrière chaque photo, il y avait une indication scotchée pour la situer sur la carte. Mais les informations se sont décollées et mélangées. Pour t'aider à les retrouver, cherche la lettre cachée dans la photo.

1

2

3

4

5

6

F
Pierre sacrée
Lieu le plus au nord

A
Temple du Condor
Lieu à l'Est de la carrière le plus au sud.

B
Temple des Trois-Fenêtres
Lieu le premier au nord après la carrière

D
L'observatoire astronomique
Lieu au sud-ouest de la pierre sacrée

C
Carrière
Lieu le plus à l'ouest

E
Temple des Trois-Portes
Lieu juste en dessous de la pierre sacrée

Maintenant, tu peux situer les lieux sur la carte de mon papa et localiser la trouvaille de Walton.

# À Las Vegas

Un touriste du palace Tico a déposé une carte à l'accueil pour qu'elle soit postée. Pas de chance, il manque le destinataire. Le postier du palace voudrait bien retrouver son client pour réparer cet oubli.

Méningomètre

Griffomètre

Décryptomètre

*Un petit souvenir depuis la ville du jeu !*

*Ta tante a joué aux machines à sous, et elle a obtenu trois dessins identiques. Drôle de hasard, c'est le même dessin qui représente notre étage. Comme elle portait un chapeau, elle a pensé qu'il lui portait bonheur et elle a joué à la roulette avec. Bingo ! Ça a marché ! Elle a gagné en choisissant le numéro de notre chambre !*

*Bises Tonton*

Palaces à Las Vegas

Mais le palace accueille des centaines de touristes. Heureusement, le message écrit peut le mettre sur la voie. Portons-lui secours !

## La chance tourne

Le personnel de la salle de jeu du palace a donné quelques indices au postier… La joueuse était placée sur la dernière machine à sous. Quel dessin a-t-elle obtenu ? Prends le temps de bien observer les trois autres machines à sous.

## Oh ! C'est haut !

Maintenant que nous connaissons le dessin, il suffit de consulter le panneau à proximité de l'ascenseur. Nous pouvons savoir à quel étage loge la joueuse.

### Devinette A

Quand il ne reçoit ni jetons ni cartes, ce sont tes semelles qui s'y frottent. De quoi s'agit-il ?

## Rien ne va plus…

Il ne reste plus qu'à trouver son numéro de chambre. Le croupier se souvient de la joueuse au chapeau et du numéro sur lequel elle a misé. Une chance !

### Devinette B

Vert, tu l'observes dans la nature, et noir sur les cartes. Dans les deux cas il peut t'apporter la chance. De quoi s'agit-il ?

# Au Mont-Saint-Michel

Me voilà en visite sur ce drôle d'îlot rocheux avec mon oncle. Lui qui adore trouver des vieilleries vient de dénicher, chez un brocanteur, une vieille carte postale. Il pense qu'elle pourrait contenir un message caché.

**Méningomètre** **Griffomètre** **Décryptomètre**

Je me demande d'où lui vient cette idée ! Essayons d'en savoir un peu plus...

Le Mont-Saint-Michel

UNE DAME A PRIS NOTRE MALLE ET NOUS A CONDUITS, AVEC OSCAR, SON CHIEN, DANS UN JOLI GÎTE. ROBERT, MON TRÉSOR, ÉTAIT RAVI ! JE ME REPOSE DE CE LONG VOYAGE. DANS LA JOURNÉE DE DEMAIN, LA LOGEUSE FERA VISITER SA CAVE ET SA GRANDE COLLECTION DE MAGNIFIQUES JOUETS ANCIENS. ICI, LA NUIT EST PAISIBLE, LA MAISON ME RAPPELLE LES VACANCES DE MON ENFANCE ! ÇA SENT L'ARTICHAUT.

TATA YVETTE

### Devinette A

Qu'est-ce qui est à la fin de la terre et au milieu de la mer ?

## La phrase magique

Après avoir lu et relu le message de la carte, mon oncle a trouvé une piste sérieuse.

Écoute ce qu'il dit, et toi aussi tu verras qu'il a vu juste !

### Devinette B

Avec un S je suis couvert de sable et avec deux S je suis couvert de sucre. Qui suis-je ?

## Suivez le guide !

Quelle sacrée découverte ! Il nous reste à savoir où se situe cette fameuse maison… Heureusement les habitants des lieux sont sympas, ils nous donnent quelques indices.

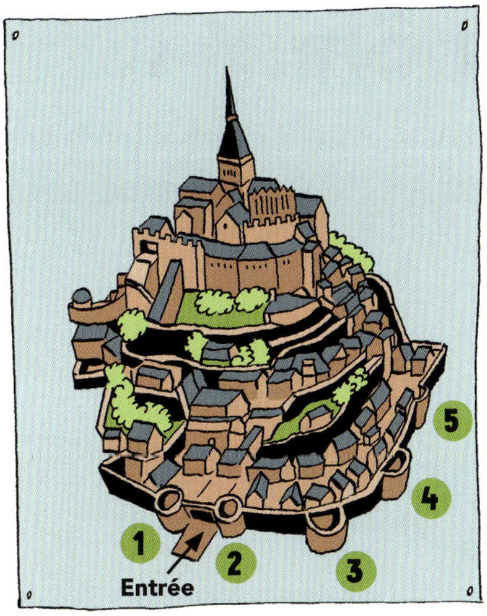

## La clé orpheline

Nous avons trouvé cette maison au nom si particulier.

**TOC ! TOC ! TOC !**
Une petite dame nous a reçus.
Et elle a cru à notre histoire !

Elle est d'accord pour nous conduire dans sa cave. Mais elle n'y est pas retournée depuis des années, et impossible de mettre la main sur la clé qui permettrait d'ouvrir la porte.

Encore un petit effort, nous approchons du but !

# À l'Acropole

Une énigme de Lukas Staïte

Mon oncle Norbert m'a écrit pour me raconter son séjour en Grèce. Et, comme il est un peu joueur, il a joint à sa carte une petite énigme... Quel farceur !

Méningomètre

Griffomètre

Décryptomètre

Il m'a aussi envoyé des photos. Par Zeus et Athéna ! Tu enquêtes avec moi ?

Les cariatides sur l'Acropole

*Coucou Lukas !*

*Connais-tu Athènes ? Quelle ville magnifique ! Cette capitale est pleine de merveilles.*

*Aujourd'hui j'ai visité le monument le plus emblématique. Il est très impressionnant ! Il est sur l'une des photos que je t'envoie. Vois-tu duquel je parle ? Et toi, à part tes nombreuses lectures sur les dieux et les déesses, que connais-tu de la Grèce ? J'espère qu'un jour, tu m'accompagneras !*

*Grosses bises Norbert*

## Un billet pour...

Le nom du monument mystère est l'un des quatre présents sur cette première photo. L'oncle Norbert a écrit au dos le moyen de le retrouver. Une petite idée ?

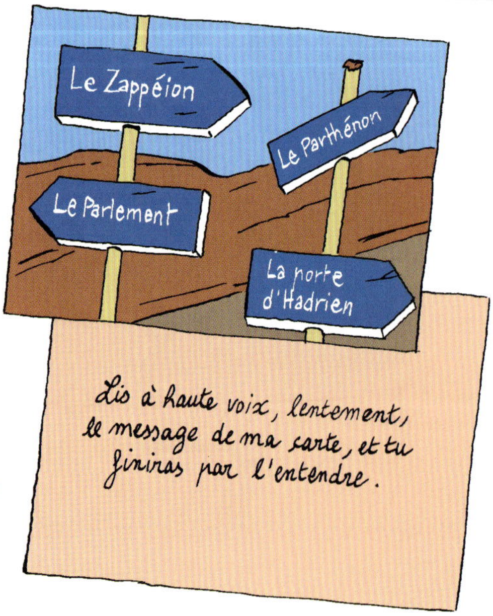

## En file indienne

Pour savoir à quoi ressemble ce monument, classe les photos selon les indications de Norbert. La dernière te donnera la réponse.

## Devinette A

Mon premier est entre B et D.
Mon deuxième est un gros rongeur.
Mon troisième se loge sous la croûte du pain.
Tu fais mon dernier avant d'entrer au musée.
Mon tout est l'art de fabriquer des objets avec de l'argile.

## Ça défrise !

En visitant l'Acropole, Norbert a pris en photo un archéologue en plein travail. Celui-ci était chargé de retrouver le morceau manquant de ce vase.

## Devinette B

Mon premier est le premier jour de l'année.
Mon second n'est pas vrai.
Mon dernier est parfois sous forme de lingot.
Mon tout est un récipient utilisé dans l'Antiquité.

# Aux studios d'Hollywood

Direction les studios d'Hollywood ! Le tournage de *Maman, j'ai raté le gâteau* a débuté... Mais l'équipe du film cherche l'accessoiriste qui s'est absentée... Où est-elle donc passée ? Sur un autre plateau de tournage ?

**Méningomètre** **Griffomètre** **Décryptomètre**

Elle a laissé un message sur sa revue mais elle a aussi renversé du café...

## Un billet pour...

Pamela est donc dans un autre hall, où a lieu le tournage d'un autre film. Quel est le genre cinématographique de ce film ? Observe bien le panneau à l'entrée des studios, il te donne une première piste pour démarrer la recherche.

## De quel accessoire parle Pamela ?

Des membres de l'équipe du film l'ont croisée avant qu'elle ne quitte le plateau. Et chacun pense l'avoir vue avec un objet différent. Si tu as une idée du genre du film, tu peux retrouver le bon accessoire.

## Bientôt à l'affiche

Maintenant que tu en sais plus sur le tournage qu'elle a rejoint, tu peux éliminer quatre films qui ne sont pas concernés. Sur chaque affiche, il y a le numéro du hall dans lequel se déroule le tournage. Il t'aidera dans la dernière phase de ton enquête.

### Devinette A

Si tu couds, je tourne pour te donner du fil. Si tu es au cinéma, je tourne pour te montrer des images. Qui suis-je ?

## H comme hall

Tu as donc le choix entre deux halls. Pour trouver le bon, relis le message de l'accessoiriste, et écoute ce que te dit le réalisateur. Une petite déduction, et hop, le tour est joué !

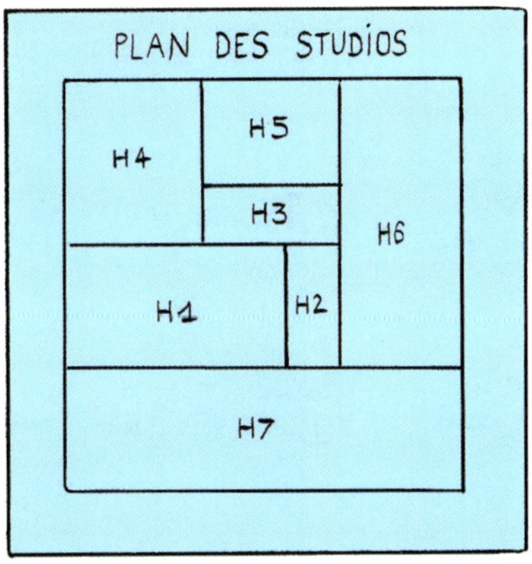


### Devinette B

Je sers à maquiller un visage ou à couvrir une toile. J'ai un manche et des poils. Qui suis-je ?

# Au Taj Mahal

Mon oncle et ma tante sont en voyage en Inde.
Après la visite du Taj Mahal, c'est la panique !
Ma tante ne trouve plus son sac... Quelle catastrophe !

**Méningomètre** **Griffomètre** **Décryptomètre**

Cette mésaventure va-t-elle gâcher leurs vacances ?

Le Taj Mahal

*Ma chère Daphné,*

*J'étais tellement éblouie par la beauté de ce monument que j'en ai oublié mon sac sur un banc. En revenant sur les lieux, il n'y était plus. Par chance, un bureau des objets trouvés est ouvert, nous allons nous y rendre tout de suite. Cette histoire pourrait bien nous faire rater notre avion...*

*Bisous d'Orient,*

*Tata*

## En salle d'attente

Au bureau des objets trouvés, une femme accueille mon oncle et ma tante...

Ouf ! Ma tante est soulagée. Mais elle doit faire appel à toute sa mémoire.

Pour l'aider, lis lentement et à haute voix le message de la carte.

La réponse à la première question s'y trouve.

## Vague souvenir

Pour répondre à la deuxième question, compare le nom des objets, et tu verras que l'un d'entre eux est le seul à ne pas avoir deux lettres en commun avec tous les autres noms.

### Charade A

Mon premier est au bout de ton crayon à papier.
Mon second débute l'alphabet.
Mon dernier sépare tes cheveux.
Mon tout est une tour d'un édifice religieux.

### Charade B

Mon premier coupe le bois.
Mon second sert à mesurer.
Mon dernier se mange et se jette sur les mariés.
Mon tout a servi à la construction du Taj Mahal.

## Couleurs au choix

La troisième question concerne l'un des objets du sac.

Dans le message de la carte se cache aussi une couleur qui t'aidera à déduire la bonne réponse.

# SOLUTIONS

pages 12-13

## énigme 1 – Dans la chambre

Tu peux éliminer la petite sœur, elle est trop petite pour pouvoir l'attraper au-dessus de l'armoire. Et puis, de toute façon, elle n'est pas restée sous la pluie, la voisine nous dit qu'elle est rentrée juste au moment où la pluie est arrivée. Tom était déjà rentré quand il a plu et il n'est pas ressorti. Arthur a oublié son parapluie sur lequel est écrit CLUB DE TENNIS DU PARC. Il s'est déchaussé, ce n'est donc pas lui. C'est Cloé qui a emprunté le robot. Elle est arrivée à 16h15, donc elle était sous la pluie puisque l'averse est tombée à 16h. C'est son empreinte que Quentin a vue sur sa moquette.

**Devinettes**

**A:** ton lit. - **B:** la sonnerie.

pages 14-15

## énigme 2 – Dans le grenier

Tati Germaine avait 10 ans en 1937, puisqu'elle souffle un gâteau qui compte 10 bougies. Donc elle avait 60 ans en 1987. L'album de voyage qui peut aider Rébecca est donc celui sur lequel figure l'année 1987. - En déchiffrant les continents, Rébecca découvre qu'il s'agit d'un album ayant pour thème l'Asie. - Si l'on élimine la lampe en papier de riz que l'on aperçoit sur la photo avec son papi, ça ne peut être que les poupées russes.

**Devinettes**

**A:** avoir un chat dans la gorge. - **B:** la poussière.

pages 16-17

## énigme 3 – Au garage

Les chambres à air pour le fauteuil roulant de Daphné sont de taille 24. Si le vélo de Philéas et celui de Maman n'ont pas la plus grosse taille, c'est donc celui de Manon qui fait du 26. Comme cette taille n'est pas juste au-dessus de celle du vélo de Philéas, il a donc du 22. Ce qui signifie que celle du vélo de Maman est du 24, comme le fauteuil de Daphné. Il y a 4 chambres à air de taille 24. - Celles qui ont un point jaune sont plus nombreuses. La bonne est donc celle qui a un point rouge. - Pour gonfler le pneu, il faut mettre 5 bars, puisque c'est la pression qui correspond pour la taille de la chambre à air. Comme 1 bar = 10 coups de pompe, 5 bars correspondent à 50 coups de pompe.

**Devinettes**

**A:** les pompes. - **B:** les rayons.

pages 18-19

## énigme 4 – Dans le jardin

Tu peux éliminer la partie droite du jardin, qui a été arrosée par le jet d'eau vu que les vêtements d'Adèle étaient secs lorsqu'elle est rentrée. - Adèle prononce le B à la place du P, le Z à la place du CH, le N à la place du L. Ce qui donne, pour la suite de sa bulle : « Elle est pas là, elle est sous le pot de fleurs! » Le rébus de Rémi : « Elle n'aime pas les araignées! (Aile-nez-meuh-pas-lézard-raie-nid-haie!) » Il ne s'agit ni du pot de fleurs qui est mouillé, ni du pot de fleurs sur lequel il y a une toile d'araignée. La médaille est sous le pot de fleurs près de la fontaine.

**Charades**

**A:** balançoire (balle-an-soir). - **B:** cabane (K-bas-nœud).

pages 20-21

## énigme 5 – Dans la cuisine

L'horloge retarde de 10 minutes, il est donc 16h50. Il ne reste donc que 1h10 pour faire le gâteau. En additionnant les temps de préparation et les temps de cuisson et de refroidissement, les sœurs ne peuvent que faire le far breton ou le gâteau au citron. En observant bien les ingrédients, tu te rends compte qu'il n'y a pas de lait. Rébecca et Maëlle vont donc cuisiner un gâteau au citron. - En revanche, elles ne pourront pas le refaire le lendemain, puisqu'il n'y a qu'un seul sachet de levure. - Pour le réglage du four, il faut augmenter de 30 °C à chaque thermostat. Le thermostat 7 équivaut à 210 °C, la bonne température pour cuire le gâteau au citron.

**Devinettes**

**A:** être au bout du rouleau. - **B:** les petits pois sont rouges (poissons rouges).

pages 22-23

## énigme 6 – Au salon

Les empreintes sur les lieux du drame appartiennent à Milos, c'est donc Grisette qui a fait tomber le vase. - C'est une abeille qui est sortie du salon. Et elle est venue pour BUTINER une fleur, celle qui était dans le vase. Les autres explications possibles : capturer le puceron d'une plante, piquer le bras gauche, emporter une mie de pain, aspirer la confiture sur une tartine, boire le sirop à la fraise.

**Charades**

**A:** rocking chair (rot-king-chair). - **B:** téléviseur (thé-lait-vis-heure).

pages 24-25

## énigme 7 – Sur la terrasse

La maman de Daphné est forcément en bout de table du côté droit, vu que le papa est à la fois à côté d'elle et près du barbecue. Le papa est devant le pied de table en haut à droite. Daphné est à l'autre bout de table, à gauche. Philéas est devant le pied de table en bas à droite, en face de son père. Comme Tatie ne veut pas être à côté du barbecue, elle est entre Philéas et son mari, qui veut voir le jardin. Sani est donc en haut à gauche, et Manon entre Sani et son papa. Il y a bien alternance garçon/fille. - Si chaque personne mange deux merguez (sauf Tatie qui est végétarienne), il en reste encore deux. Philéas pourra en reprendre. Par contre, il n'y a qu'une cuisse de poulet par personne. Philéas ne pourra pas se resservir.

**Devinettes**

**A:** la frisée. - **B:** le feu. - **C:** un chauffe-souris.

pages 26-27
## énigme 8 – Dans la buanderie
C'est le coffre des chaussures de taille 34 et de taille 37. Cela suffit à éliminer Ninon, qui chausse du 38 : elle n'a pu mettre aucune des deux paires. Ce n'est donc pas elle le fantôme. Quentin, qui chausse du 33, a pu utiliser des chaussures plus grandes. Les draps sont rangés dans le quatrième placard de la rangée du bas. Il est compris entre le premier grand placard et le quatrième petit placard de la rangée du bas et n'est pas au-dessus du lave-linge. Ce qui signifie que c'est quelqu'un de petit qui a pu les attraper avec le tabouret : on élimine donc Rémi (dans la rangée du haut, il n'y a pas de placard entre un grand placard et un petit). - Seuls les témoignages des deux filles sont vrais. Rémi et Quentin mentent, puisque le premier indice a éliminé Ninon. Le témoignage de Ninon permet de confirmer le deuxième indice. Le coupable est un petit. Mais c'est Rébecca qui permet de trouver le coupable : Quentin!

**Charades**

**A:** lave-linge (lave-lun-jeu). - **B:** citrouille (scie-trou-yeux).

pages 32-33
## énigme 9 – À la gare
Le sable ne vient pas de l'ouvrier qui porte un casque, car il a déjà un journal identique. Il vient donc des plagistes. Le guichetier nous dit : «Ce n'est pas une femme!» (Ssss-œufs -nez-pas-Hue!-nœud-fa-meuh!). Il faut décoder en remplaçant les lettres par celles qui suivent dans l'alphabet : PARIS, MARSEILLE, NÎMES, VALENCE, AVIGNON, GRENOBLE. La personne que Daphné cherche se dirige vers le quai 1, et va prendre le train pour AVIGNON, qui finit comme TOULON. C'est le grand-père. Car le petit garçon a déjà des lunettes sur le nez.

**Devinettes**

**A:** le billet. - **B:** la classe.

pages 34-35
## énigme 10 – À la piscine
Pour trouver le bon prénom, il faut ajouter une lettre à chaque prénom, en allant de gauche à droite. Il s'agit donc de Benjamin. – Si tu associes le dessin de la clé à son casier, tu obtiens toujours un carré. La bonne clé du casier fermé est la n° 3. – Benjamin est le garçon qui n'est pas en tenue de bain. Et il porte une casquette avec le même motif que sur sa serviette.

**Devinettes**

**A:** d'avoir peur des bains de foule. **B:** parce qu'il est chauve.

pages 36-37
## énigme 11 – Au musée
Il fallait déchiffrer : «Le premier contient deux détails présents dans deux autres tableaux et le second un animal.» Le premier dont il parle est le n° 1 : il a une bougie du 2 et du 4, et un chapeau du 3 et du 5. Pour le second, la solution est plus difficile car il y a deux tableaux contenant des animaux. Mais, à la réflexion, il s'agit du tableau n° 4, car, dans le tableau n° 5, il y a deux singes alors que la lettre parle d'un (et un seul) animal. – L'auteur du tableau n° 1 est Clarisse QUEUGROS et l'auteur du tableau n° 4 est Gaspard TRÉLOUIN.

**Charades**

**A:** silence (si-lance). - **B:** monochrome (mot-no-crocs-meuh).

pages 38-39
## énigme 12 – À la fête foraine
Le signal signifie qu'il y a un voleur qui rôde parmi les visiteurs (AIN-VOLEUR-ROD-PAR-MI-LES-VISITEURS). – Le suspect porte des lunettes. En effet les mots à identifier sont : lampe (1re lettre) – fusée (2e lettre) – poney (3e lettre) – épée (4e lettre) – arbalète (7e lettre) – trottinette (9e lettre) – guitare (7e lettre) – jumelles (8e lettre). On peut regrouper deux par deux : 6 ballons verts, 7 ballons rouges et 9 ballons bleus. Le suspect est celui qui porte à la fois des lunettes et un pull et un pantalon bleus.

**Devinettes**

**A:** le grand huit. - **B:** aucune. Ils font tous les deux la chenille.

pages 40-41
## énigme 13 – À l'école
Le message au tableau est le suivant : « En arrivant ce matin dans la salle de classe, j'ai vu que la grille n'était plus posée au-dessus du vivarium. Le gardien. » – Sous le tableau, il est écrit *vendredi*. C'est donc jeudi que personne ne s'est inscrit sur la fiche. Les élèves qui étaient en charge du phasme étaient Jade et Enzo. – En lisant leur témoignage, tu peux en déduire qu'il était dans le seul endroit qu'ils n'avaient pas vérifié : la cantine.

**Devinettes**

**A:** la mine. - **B:** la colle.

pages 42-43
## énigme 14 – À la ludothèque
Daphné remporte la partie de dominos : elle joue le blanc/blanc. Comme Maëlle ne peut plus jouer, Daphné rejoue avec le blanc/4. Soit Maëlle joue le 1/4, et Daphné joue le 1/2. Soit Maëlle joue le 4/4, et Daphné peut poser son dernier domino à l'autre extrémité de la chaîne. – Rébecca empêche Lukas de faire 4 en posant un pion en D3. Lukas pose un pion en E3, et il peut en aligner 4 au prochain tour, en posant un autre pion soit en D2, soit en E1.

**Devinettes**

**A:** une case. - **B:** la tactique. - **C:** la pioche. - **D:** le dé.

pages 44-45
## énigme 15 – À l'animalerie
En consultant le planning des arrivées, on en sait un peu plus sur les animaux qui ont été livrés : lundi, un poisson; mercredi, un reptile ; vendredi, un rongeur. Si on compare le planning avec le choix dans le catalogue, on sait que, mercredi, un gecko ou un serpent (des reptiles) est arrivé et, vendredi, un chinchilla (un rongeur). Mme Muzot est venue chercher la tortue mardi, puisque le poisson arrivé lundi est toujours là. M. Petitpié est venu prendre un reptile jeudi, mais ce n'était pas un gecko puisqu'il n'en voulait pas. Donc, c'était un serpent. C'est lui qui a fait peur à la perruche.

**Charades**

**A:** le perroquet (pair-eau-quai). - **B:** la carapace (K-rat-passe).

pages 46-47
## énigme 16 – Au gymnase
Le bon dossard est le numéro 17, c'est celui d'Arthur. En déchiffrant les messages, on lit : «Mon chéri, je ne trouve pas l'entrée.» «Où es-tu Mamie?» «Devant la porte des vestiaires!»

«J'arrive, je viens te chercher, ne bouge pas!» – La phrase du concierge : « ATTENTION, IL EST IMPOSSIBLE D'OUVRIR LES PORTES DES VESTIAIRES DEPUIS L'EXTÉRIEUR. » Arthur est parti chercher sa mamie en passant par les vestiaires, mais il ne peut plus rentrer par ce côté.

**Charades**

**A:** l'attaque (la-ta-queue). - **B:** amical (A-mie-cale).

pages 48-49

## énigme 17 – Au bureau de poste

Il ne faut garder que la 1re et la 4e lettre du nom du client. Pour son papi, comme il s'appelle MIKASE, on obtient : MA. Mais il y a 3 colis qui ont un code commençant par MA. Pour le codage du poids, il suffit de ne garder que la 1re et la dernière lettre du chiffre écrit en toutes lettres. Comme son colis ne pèse pas plus de sept kilos, tu peux éliminer le MANF1059 (NF=NEUF) qui fait 9 kg ou plus. Enfin, son papi habite en 2659. Son colis est donc celui qui porte le numéro MACQ2659.

**Devinettes**

**A:** de tout prendre au pied de la lettre au point d'en devenir timbré. - **B:** aucune. Ils ont tous les deux beaucoup d'adresse(s).

pages 50-51

## énigme 18 – Chez le vétérinaire

En comparant les traces au sol avec l'affiche, tu peux constater qu'il s'agit d'un éléphant. Un bébé, bien sûr! – La première phrase était : « C'était une femme avec une drôle de tenue rouge. Elle venait du cirque installé sur la place. » La seconde : « Elle voulait savoir si vous aviez de la place dans l'après-midi pour la consultation de son animal, elle repassera dans une heure. » – Comme c'est la première fois que le vétérinaire voit un éléphant dans son cabinet, c'est donc une nouvelle consultation. Il doit prévoir 30 min. Il peut donc la caler après M. STAITE, à 16 h 55, et repousser le rendez-vous de Mme CABOT à 17 h 25.

**Devinettes**

**A:** qu'un client lui pose un lapin. - **B:** dans les livres. Puisqu'il y a des chats pitres ! - **C:** ausculter son crayon pour voir s'il a une bonne mine.

pages 52-53

## énigme 19 – Au cinéma

La phrase du spectateur : « IL FAUT ÉCHANGER LES SALLES PAIRES AVEC LES SALLES IMPAIRES! » Mais il y a 3 salles impaires. Il faut éliminer la salle 7, puisque ce n'est pas un film d'animation qui passe à l'écran, devant eux. Ce n'est pas non plus la salle 3, sinon le film aurait commencé déjà depuis longtemps. Il est donc projeté dans la salle 5. Il est 15 h 46. Ils ont donc 4 minutes pour rejoindre la salle.

**Charades**

**A:** générique (G-nez-riz-queue). - **B:** long métrage (long-mètre-âge).

pages 58-59

## énigme 20 – Avec Christophe Colomb

Comme il y a 30 jours en septembre, ils ont déjà navigué 32 jours (n'oublie pas de compter aussi le 6 septembre). Il leur reste donc 8 jours de réserve d'eau. Mais, en contrôlant les niveaux, on voit qu'il reste assez d'eau pour tenir 9 jours. La moitié d'un gros tonneau correspond à 5 jours, et deux petits pleins à 4 jours (un petit est égal à 2 jours). - La bonne direction est ouest-sud-ouest.

**Charades**

**A:** caraque (K-rat-queue). - **B:** bannière (bas-nid-air).

pages 60-61

## énigme 21 – Le sacre de Louis XIV

Sans compter la casse, il y a 40 assiettes et 30 verres. En comptant la casse, il ne reste que 32 assiettes et 28 verres. Donc les 28 invités d'honneur pourront manger dans la belle vaisselle. - Les deux vers sont les suivants : LE RÈGNE DU NOUVEAU LOUIS PROMET DES MERVEILLES. DE TOUS LES GRANDS ROIS, LUI SEUL S'APPELLE SOLEIL. - Les tailles manquantes de haut en bas : 11, 11, 10 et 9. Il portera donc son anneau à l'annulaire.

**Devinettes**

**A:** la couronne. - **B:** d'avoir mal au palais.

pages 62-63

## énigme 22 – La locomotive à vapeur

Richard Trevithick va concevoir la locomotive n° 2. - Il est possible de mettre 14 adultes dans un wagon. Si 2 enfants prennent la place de 1 adulte alors 4 enfants prennent la place de 2 adultes. Il faut donc ajouter 7 adultes aux 7 déjà présents dans le wagon. - Comme la locomotive n° 2 peut tracter 5 wagons (14 x 5), le train pourra transporter 70 passagers.

**Devinettes**

**A:** de partir sans crier gare. - **B:** pour ne pas perdre la ligne (de chemin de fer). - **C:** aucune. Si la cheminée est bouchée, ils ne peuvent rien faire. - **D:** de perdre un boulon et d'en devenir marteau.

pages 64-65

## énigme 23 – Le premier téléphone

BOBINE, FIL DE CUIVRE, AIMANT, ACIDE, LANGUETTE, RÉCEPTEUR. Il lui manque l'aimant. - Le vrai Watson est au milieu : il demande un aimant et un autre objet qui ne figurait pas sur la liste, un ressort. - Les chiffres indiquent la position des lettres à conserver, en partant de la fin du mot. Le nom de son invention sera donc VIBRAPHONE. Si on part du début du mot, on obtient EPBOLRHPRG, qui ne veut rien dire !

**Devinette**

Parce qu'il ne veut pas être au bout du fil.

**Charades**

**A:** répondeur (ré-pont-deux-heure). - **B:** annuaire (âne-nu-r).

pages 66-67

## énigme 24 – L'invention des frères Lumière

*L'Arroseur arrosé* et *L'Arrivée d'un train* ne seront pas projetés lors de cette première projection. - Le tarif sera de 1 franc. La petite pièce vaut 1 franc et la plus grosse vaut 2 francs. - Le plus à l'est est le Conservatoire. On supprime donc les 3 plus près : les Folies Bergère, le musée Grévin et le Palais-Royal. Et le plus éloigné : le palais de l'Industrie. On ne garde pas non plus le plus au sud, la Sorbonne, et celui qui en est le plus près, l'École des beaux-arts. Il s'agit donc du Grand Café.

**Devinettes**

**A:** l'ampoule. - **B:** aucune. Ils ne sont jamais en manque de bobines.

pages 68-69
## énigme 25 – L'expédition au pôle Nord

Il fait – 26 °C degrés. Il doit donc prendre le paquet contenant les vêtements et laisser sur le campement les conserves et les outils. Le poids atteint 33 kg. - De gauche à droite, en commençant par l'avant : BALI et MYLO ; CHOCO et MALKO ; JOCKY et NACK.

### Devinettes

**A:** igloo-igloo-igloo. - **B:** perdre le nord.

### Charade

Antarctique (an-tarte-tique).

pages 70-71
## énigme 26 – Le tombeau de Toutankhamon

Il faut creuser à l'emplacement 32. Il fallait additionner 12 et 5, les points les plus éloignés. Tu obtiens 17. Puis additionner 15, le point le plus proche. - Le signe de la tombe de Toutankhamon est en 3 et 6. - La chambre du trésor est en 5.

### Charades

**A:** souterrain (sous-Terre-un). - **B:** pyramide (pis-rat-mie-deux).

pages 72-73
## énigme 27 – La traversée de l'Atlantique en avion

Il faut fermer le robinet n° 7. - L'immatriculation de son avion portera le numéro N-X-2-11. - Il n'emportera ni la radio ni le parachute.

### Devinettes

**A:** d'avoir un antivol. - **B:** aucune. Sans queue, ils ne servent à rien. - **C:** aucune. Ils ont deux ailes (l) tous les deux.

pages 74-75
## énigme 28 – L'ascension de l'Everest

Tom est en A. Alf est en G puisqu'il est à la fois à côté de Tom et à côté d'un alpiniste au bonnet vert. Ce dernier est Ang. Le second qui porte un bonnet vert est Edmund, en D. Charles est en E puisqu'il est aussi à côté de Ang. Et George est en C et Tensing en B. C'est Edmund et Tensing qui partiront. - Le message entier était : SOUPE DE POULET, NOUILLES, SARDINES, DATTES FRAÎCHES ET THÉ AU CITRON. - Si la grande aiguille a fait 7 fois le tour, il faut alors enlever 7 heures à l'heure d'arrivée, qui est 11 h 30. Ils se sont réveillés à 4 h 30. En ajoutant 2 tours et demi à l'heure de réveil, on obtient 7 heures, l'heure de leur départ.

### Charades

**A:** paroi (pa-roi). - **B:** piolet (pis-eau-lait).

pages 76-77
## énigme 29 – Sur la Lune

D'un numéro à l'autre, il faut enlever 2 chiffres. Le numéro de l'alarme est le 12-0-2. - Sur le cahier, en face de cette alarme, il est écrit : « L'ordinateur de bord est en panne. » - L'alarme indique qu'il reste 4 bidons, c'est-à-dire 120 secondes ou 2 minutes de vol, puisque 1 minute est égale à 60 secondes. Buzz indique qu'il lui reste 1 minute 30 secondes de vol. Donc ils ont assez de carburant. Il leur en restera même pour 30 secondes de vol.

### Devinettes

**A:** d'être toujours dans la lune. - **B:** aucune : ils font tous les deux des croissants. - **C:** le « è ».

pages 82-83
## énigme 30 – À la tour Eiffel

La famille Lémentère a terminé par l'achat de souvenirs, au premier étage. Juste avant ils étaient au sommet, pour une visite du bureau de Gustave Eiffel, celui que tu vois sur la carte postale. Donc ils ont commencé par manger au restaurant, au deuxième étage. – Pour Rébecca, elle a pris l'écharpe, pour Quentin la tasse et pour Lukas le porte-clés. – Dans le texte sur la carte, il y a les chiffres 9, 3, 5 et 7. Le nombre de marches ne peut pas dépasser les 900 puisque pour atteindre le deuxième étage, il y a 704 marches. Donc le 9 ne compte pas. Le papa de Daphné a gravi 357 marches. La tour Eiffel a 1 665 marches !

### Devinettes

**A:** aucune. Ils font tous les deux des tours. - **B:** le bouton.

pages 84-85
## énigme 31 – Devant la statue de la Liberté

Dans l'ordre d'apparition : 300 plaques de cuivre ; 2,5 millimètres ; 354 marches ; 22 étages et 8 épines. Cette dernière information est fausse car, comme tu peux le voir sur la carte postale, la statue a 7 épines. Elles sont restées de 10 h (départ à 9 h 45 + 15 min de trajet) à 14 h 45, ce qui fait un total de 4 h 45. – Si le vent est très fort, elle bouge de quelques centimètres (cil-œufs-vent-haie-trait-faux-or-aile-boue-jeu-2-queue-aile-queue-centime-mètre).

### Charades

**A:** flambeau (feu-lent-beau). - **B:** feuilles d'or (feu-yeux-do-or).

pages 86-87
## énigme 32 – À Venise

Dans le message, le fantôme parle d'un félin. Il ne peut s'agir que du chat, du tigre ou de la panthère. Deux boutiques ont un nom qui fait référence au lion ailé de la carte : la 1 et la 3. Mais seule la 1 vend un masque de félin. Il s'agit de la panthère. – En recollant les lettres en rouge, tu peux lire LA REVUE DES GARÇONS DE CAFÉ. Le fantôme est donc le serveur, Guido.

### Devinettes

**A:** le palais. - **B:** le pont.

pages 88-89
## énigme 33 – Au grand bazar d'Istanbul

Sur la carte, il est écrit que le sac est de la même couleur que le quartier des souvenirs : rose. Le quartier du cuir ne touche jamais le rouge, il est donc en violet. Il ne touche jamais le jaune, qui est donc le quartier des bijoux. Le dernier quartier, celui des tapis, est donc vert. La carte nous révèle que la boutique de souvenirs, dans le quartier rose, est voisine d'une autre boutique, qui se trouve dans le quartier vert. – Le message de Lukas est : « La boutique est à l'intersection de trois autres marchands de souvenirs. » La boutique est au croisement de l'allée 3 et de l'allée C à côté du marchand de tapis.

### Devinettes

**A:** le quartier. - **B:** le thé (ou le T).

pages 90-91

## énigme 34 – La Grande Muraille de Chine

CÉCILE (Cette Époustouflante Cité Interdite, Les Escapades). Ils cherchent donc une femme. – Dans le message de la carte, se cache le nombre ONZE dans le mot « BRONZER ». La onzième lettre de l'alphabet est le K. Donc CÉCILE part pour PÉKIN ou NANKIN. – Pour lire le témoignage de la vendeuse, il faut commencer par la fin, il est écrit à l'envers : « UN HOMME ALLAIT À PÉKIN, UN AUTRE À TIANJIN ET UNE FEMME À NANKIN. » Elle est donc dans la file d'attente du bus qui mène à NANKIN. C'est forcément une des 3 femmes sans enfant, celle qui porte des lunettes, une queue de cheval et une jupe noire. C'est celle qui n'est pas chinoise mais une touriste en vacances (comme le laisse supposer sa carte.)

### Charades

**A:** fortin (faux-or-tin). - **B:** gargouilles (gare-goût-yeux).

pages 92-93

## énigme 35 – Au pied de Big Ben

Les chiffres indiquent le nombre d'apparition des lettres dans la phrase. Le message de la carte est le suivant : « Je ne suis pas le coupable même si mes collègues, elles, arrivent toujours après moi ! » La bonne heure est 6 h 45. Elle a un écart de 5 h 30 avec 1 h 15 et 12 h 15. Tracy est arrivée à 6 h 30, Victoria à 6 h 50 et Jack à 6 h 20. Ce n'est donc pas Victoria qui est arrivée 5 min après le dérèglement. Ce n'est pas Jack non plus, puisque c'est lui qui a écrit le message de la carte (il parle de ses collègues féminines). La coupable est donc TRACY.

### Devinettes

**A:** chercher midi à quatorze heures. - **B:** l'aiguille.

pages 94-95

## énigme 36 – Au Machu Picchu

Les syllabes des mots codés sont inversées. C'est le principe du verlan. Le message est le suivant : « J'AI TROUVÉ UNE PORTE SECRÈTE. ELLE EST À PROXIMITÉ D'UN MONUMENT. CELUI-CI EST PLUS AU NORD-EST QUE LE TEMPLE DES TROIS–FENÊTRES. MAIS CE N'EST PAS LE MONUMENT QUE TU VOIS SUR LA CARTE POSTALE. » – La pierre sacrée (photo 2 cachant un F) se trouve au point 1, le temple des Trois-Portes (photo 4 cachant un E) se trouve au point 2, l'observatoire astronomique (photo 6 cachant un D) se trouve au point 3, le temple des Trois-Fenêtres (photo 5 cachant un B) se trouve au point 4, la carrière (photo 1 cachant un C) se trouve au point 5, le temple du Condor (photo 3 cachant un A) se trouve au point 6. La porte secrète est à proximité du temple des Trois-Portes.

### Charades

**A:** vestiges (veste-tige). - **B:** terrasses (thé-rat-as).

pages 96-97

## énigme 37 – À Las Vegas

Entre le citron et le 7, c'est un dé bleu. Le propriétaire de la carte est donc à l'étage correspondant au dé, c'est-à-dire au sixième étage. – Son numéro de chambre est le 14. Les numéros 8, 14, 20, 26 et 32 touchent tous 4 numéros impairs. Mais il n'y a que le 14 qui a sa moitié en rouge (7) et son double noir (28).

### Devinettes

**A:** le tapis. - **B:** le trèfle.

pages 98-99

## énigme 38 – Au Mont-Saint-Michel

Le message caché dans la carte est le suivant : UNE MALLE AVEC UN TRÉSOR REPOSE DANS LA CAVE DE LA MAISON DE L'ARTICHAUT. La tour du Roi (1), la tour de l'Arcade (2), la tour de la Liberté (3), la Tour basse (4) et la tour Boucle (5). Chaque clé s'emboîte parfaitement avec une autre. Sauf la clé n° 3. La 4 avec la 1, la 2 avec la 5, la 6 avec la 8 et la 7 avec la 9.

### Devinettes

**A:** le « e ». - **B:** le désert et le dessert.

pages 100-101

## énigme 39 – À l'Acropole

Ils ont vu le Parthénon (à part tes nombreuses...). Le Parthénon est sur la photo n° 2. Tu passes du 4 au 3 avec le pigeon; du 3 au 5 avec l'arbre; du 5 au 1 avec l'oncle et enfin du 1 au 2 avec le chat. – Le morceau manquant porte le numéro 4.

### Charades

**A:** céramique (C-rat-mie-queue). - **B:** amphore (an-faux-or).

pages 102-103

## énigme 40 – Aux studios d'Hollywood

Il n'y a que trois genres de film en tournage : DE CAPE ET D'ÉPÉE, HISTORIQUE et COMÉDIE. – L'accessoire que Pamela est allée déposer est donc le fourreau d'une épée. – Elle est soit sur le tournage de *Zorro, pointez !*, dans le hall n° 3, soit du *Capitaine fracasse tout*, dans le hall n° 6. La suite de *Maman, j'ai raté le gâteau* a lieu dans le hall n° 1. D'après son message sur la carte, elle est dans un hall voisin du hall n° 1. Donc ça ne peut être que le hall n° 3 puisque le hall n° 6 n'est pas voisin du hall n° 1.

### Devinettes

**A:** la bobine. - **B:** le pinceau.

pages 104-105

## énigme 41 – Au Taj Mahal

Il y avait 7 objets. Dans le message, tu peux lire le mot « cette ». Tous les mots contiennent un L et un E sauf le mot CRAYON. Il n'y avait pas de crayon dans le sac. La marque des lunettes est SOLEIL VERT. Dans le message de la carte, la couleur se cache dans le mot « ouvert ».

### Charades

**A:** minaret (mine-a-raie). - **B:** symétrie (scie-mètre-riz).